馬券と人生

赤城 斗二男

七月堂

馬券と人生

赤城斗二男

目次

目次

はじめに

「持ったが病」という言葉がある。その意味を砕いて言えば「持たなければいいものを、持ったがためにいらぬ苦労をする」ということだが、自分でその言葉を発する場合はほぼ百%自嘲である。僕の「持ったが病」はたくさんあるが「全レース馬券買い」が主な病であり、次に「昼でも飲酒」が続く。幸い両親のおかげで、僕は性格が破壊的ではなく温和に生まれ育ったので、家族を離散に追い込むような金銭的な破滅や、他人に大迷惑をかけたり、自分が死に至るほどの飲酒も経験せずに何とか60歳を超えることができた。

そんな僕の噂を聞きつけて「馬券本」を書かないかという出版社があった。そして２０１０年に出版されたのが『競馬ジャンキーの極意』という、いわゆる馬券指南本だった。たいして売れなかった本だが、アマゾンのレビューで「エッセイとしては面白い」と書かれたのが嬉しかった。もともと馬券指南を含めたエッセイとして書いたものだったからだ。

今回その事情を知る七月堂の知念明子さんに勧められ、詩歌を中心に出版する老舗として知られる七月堂の、言わば「変わり種」としてこの書を出していただくことになった。毎週の重賞レースに関することや、馬券の購入と結果報告と、思いつくままの私事を交え一年間、毎週リアルタイムで書かせていただいた。果たして最後まで読んでいただけるだろうか、読んでいただければありがたい。

馬券と人生

二〇一八年三月四日　弥生賞

情緒に流されて初めて馬券を買う

小学生の頃の通知表には先生が短評を書く欄があり、よく「情緒に流されやすい」と書かれたものだ。僕の父親はゼネコンの土木技師だったので、工事現場が変わるごとに一家で引っ越し、通う小学校も変わるのだったが、どこの学校でも通知表には「情緒に流されやすい」と書かれるのが常で、どうも集中心のない落ち着かない子供だったようだ。姉にいわせれば、小学生時代、教室で前を向いて座っているのを見たことがない、とのことだ。

大学受験に失敗して浪人をしていた頃、予備校でよく話すようになったY君に「明日馬券を買いに行くんだけれど、一緒に行かないか」と誘われた。競馬というものを全く知らなかった僕は未知の世界に心ひかれ、翌日新宿駅で待ち合わせて場外馬券場に行き、生まれて初めて馬券を買った。受験勉強に専念すればいいものを、情緒に流されて安易に面白そうなことに飛びついたということだね。

初めての馬券を買ったそのレースは弥生賞で、勝ち馬はパーソロンの仔、メジロゲッコウだった。自分の買った馬券は連戦連勝の1番人気セダンの仔ヤシマライデンの単勝だったが、0・1秒差の2着で外れてしまった。悔しいので皐月賞もダービーもヤシマライデンの単勝馬券を買ったのだが、ともに負けてしまった。特にダービーは大惨敗だったと記憶している。以後ヤシマライデンは一度も勝つことなく引退したのだが、奇特な女性ファンが引き取って死ぬまで面倒をみたというほどの人気馬だったのだ。そんなわけで、弥生賞は僕にとって馬券デビューの特別なレースで思い出深いレースになっている。

近年、日本経済の低迷とともに「日本はすごい」というテレビ番組や雑誌の特集がメジロ押しである。落ち目の役者が過去の栄光に浸っている感もあるが、僕は「日本の桜はすごい」と本当に思うのだ。西行法師の和歌「願わくば花の下にて春死なんそのきさらぎの望月の頃」は、僕も心からそう感じるのである。日本人の生活と文化には桜は欠かせないものだね。ちなみに東京の世田谷にある砧公園の桜は枝が地面近くまで延びていて、その下で弁当を広げ一献を傾けるのは至福の境地である。

弥生賞は皐月賞の前哨戦で、皐月賞の行われる4月上旬の関東地方は大概名残の桜なので、弥生賞を楽しみ、桜を楽しみ、皐月賞を楽しむというのが僕の春の楽しみ方の流れである。皐月賞の前哨戦はいくつかあるのだが、弥生賞に出走する馬は格上の感じがし、出走頭数が少ないことも度々で、馬券も当てやすく、毎年とても楽しみにしている。今年もディープインパクトの仔ダノンプレミアムが勝ち2着もディープの仔ワグネリアンという人気サイドの決着だったが、3倍の馬連と5倍の3連複をそれぞれ1点で的中したので、「やっぱり僕は弥生賞と相性がいいなあ」と気分も良く、レース後は愛妻君と中華料理店に繰り出し、甕出し紹興酒をたっぷりいただくことができた。

※

話は最初の馬券買いに戻るのだが、前述の3レース以後しばらく馬券は買わなかった。受験勉強に専念せざるを得なかったこともあるが、浪人生にはいかんせん馬券に使える小遣いなど無かったのである。しかもY君とは絶縁状態になってしまったので、競馬にも誘われなくなったからもある。彼はもう浪人できないとのことで、入れる大学に入って大学生になったのだが、マルチ商法にはまって僕も仲間に入れようと誘ってきたので、絶交状態になったのだ。友情ともいえない関係はかくのごとくあっけなく消滅するんだね。

僕が次に馬券を買ったのは2年後の弥生賞だった。前の年に大学生になっていた僕は、父を交通事故で亡くしたこともあり、自分の小遣いは自分で稼ぐと決めバイト生活を送っていた。だから馬券を買う金も少しはあったし、小遣いを馬券で増やしてやろうという欲の皮の突っ張った考えに支配されていた。その弥生賞は地方から移籍してきたハイセイコーの中央初お目見えで、大変注目されたレースだった。今ではどんな馬券をいくら買ったのかも思い出せないが、外れてしまったことだけは記憶に残っている。ハイセイコーは競馬ファンのみならず、一般マスコミもこぞって報道し、少年漫画雑誌の表紙を飾ることもあった。いわゆるブームになったわけだ。

僕は情緒に流されやすい性格であったが、一方ではひねくれ者で物事に対して斜に構えることも多かった。ハイセイコーが人気を集めるたびに反発し、負けが続くと同情した。実は予想配当の多い少ないがその気分に影響していたのが事実だったのだがね。ハイセイコーが一番人気の天皇賞では、長距離戦では実力断然のタケホープを買い見事に単勝をものにした。以後シンボリルドルフ、ナリタブライアン、ディープインパクトといった人気馬には、必ず逆らった馬券を買って、大概は損をしたものだった。

以来、延々と馬券を買い続けて現在に至るのだが、自慢できることがある。それは競馬以外のギャンブルはしないことだ。もちろん麻雀もしないし、囲碁・将棋すらしない。また、借金をして馬券を買ったことは一度もないし、家計に穴をあけたこともない。それを自慢げに口走ると、わが愛妻君は必ず「当たり前のことでしょ。得意げに言わないでよ!」と鼻白むのである。

桜咲く弥生の空に馬券散る

二〇一八年三月一一日　金鯱賞

鯛の姿造りが築地のアジフライに

　鯱は「しゃち」と読み、「しゃちほこ」とも読む。鯱はお城の天守や立派な家屋の屋根のてっぺんに対で載せる飾りに使われる。魚偏に虎と書くのは、顔は虎で体は魚ということである。もちろん想像上のものである。日本で最も有名なものは名古屋城の金の鯱で、中京競馬場ではそれにちなんで金鯱（きんこ）賞が行われてきた。

　昨年から阪神競馬場で行われてきた大阪杯がG1に昇格したので、その前哨戦の意味もあるのだろう、毎年12月の初旬に行われてきた金鯱賞だが、昨年から3月に移動したのだ。一昨年までは年末の有馬記念の穴馬を金鯱賞の上位馬から探し出すのが、僕の有馬記念攻略法の一つで、ゴールドシップ・オーシャンブルーの馬連50倍の穴馬券を的中させたこともあったので、この移動はちょっとおもしろくない。

　しかし愚痴を言っても現実は変わらない。来る大阪杯を当てるためにも、真剣にレースに臨みたい。

今年の見どころは凱旋門賞に遠征したサトノダイヤモンドがどの程度の体調で出てくるかということ

と、もう一つはヤマカツエースがこのレースの3連覇を達成できるかということだ。実力馬スワーヴリチャードの健闘も期待されている。

僕の馬券戦術は、サトノダイヤモンドが凱旋門賞の惨敗で走る気をなくしているのではないか、というもの。そして「海外遠征帰りの緒戦はまず走らない」という自分の馬券セオリーがある。だから買わない。スワーヴリチャードは実力より人気が先行している気がするので、さほど強くないと思う。で、これは抑えに回し、ヤマカツエースから単勝と馬連3点で勝負するというものだ。二度あることは三度あると諺にもあるし、毎年同じレースで好走する「リピーター馬」も多く見かけるからね。実はここまではレース前に書いた「予想」なのである。

で、結果はスワーヴリチャードが完全な強さを発揮して1着。逃げたサトノノブレスが残って2着、サトノダイヤモンドが貫録の追い込みで3着だった。僕が期待したヤマカツエースは貫録負けの完敗だった。やっぱりG1戦線でもまれてきた馬には勝てなかった。今度の大阪杯ではサトノダイヤモンドとスワーヴリチャードの一騎打ちになりそうだと思わせる前哨戦だった。しかし、G1戦は基本的に荒れる、というのが僕のセオリー。何か穴馬が割り込みそうな気がするのだ。今回のようにね。

※

ところで金鯱賞と聞くと、尾を立てたその姿から魚の姿造りを想像してしまうのは僕だけだろうか。

馬券を当てたらちょっと小粋な料理屋ののれんをくぐり、鯛の姿造りなどを注文し、純米酒は常温でぐびぐび飲むぞ。そんな風にレース前には意気込んで、夢と期待に胸を膨らますのだが、望みがかなうのは10回に1回もあるだろうか。

今回は残念ながら馬券は外れてしまったので、翌日の昼、アジフライを食べに築地場内の『八千代』に行ってみた。10人も入れば一杯の小さな店だが、フライものが大変美味い。今年の秋には築地市場が豊洲に移るので、この店はどうなるのだろう。築地のどこかに移転して残ってくれるといいなあ。

実は僕の勤務先は築地にあるので、この街には詳しいのだ。食べ物屋はたくさんあって、どれも平均以上の味だと思う。まずい店はまず流行らないのだ。観光客もわんさか押し寄せて、寿司や海鮮丼などが人気なのだが、勤め人が昼食で食べるには値段が高すぎる。観光客は少々値が張っても「築地で寿司を食った」と地元に帰ると自慢できるからね。

現在の築地は「東京の台所」といわれ、食の街として有名だが、明治の文明開化の時代は、西洋文化を取り入れる先進地だったことは今ではあまり知られていない。外国人居留地や、海軍発祥の地でもあり、慶応義塾や明治学院、立教学院など多くの学校がこの地で開校している。今でも聖路加国際病院の周りを歩くと、文明開化を偲ぶ記念碑がいくつも見られるのだ。

現在の聖路加国際大学の庭には、当時のアメリカ大使館を偲ぶモニュメントがあり、病院の開設者・トイスラー博士の胸像がある。博士の居宅も記念館として保存されている。文明開化とは関係ないとは思うのだが、芥川龍之介もこの地で生誕したと記念碑にある。築地は明治の初期には、日本で一番の先進の地だったのだね。

記念館を後にし、病院の横を通り聖路加タワーを回り込むと隅田川の堰堤の上に出る。聖路加タワーの隅田川側には数は多くないが桜並木が見事に土手に根を張っている。もうすぐ満開だが、隅田川の景色と相まって実にすがすがしい気持ちになるのだ。数年前に愛妻君を伴って桜の時期に築地を散策したことがよい思い出になっている。

川の向こうは佃島で、住吉神社のお祭りなどに江戸情緒が残っている。たびたびこの島を訪れた新派の作家・北條秀司の句碑「雪降れば佃は古き江戸の島」もある。佃島の土手には数えきれないほどの桜が植えられており、十日間ぐらいは最高の景観が得られる。隅田川を遊覧船が行き来するのも風情満点で、思わず滝廉太郎の『花』を口ずさんでしまうのである。

築地市場で寿司だ天ぷらだと騒ぐのもいいのだが、交差点当たりの喧騒から抜け出し、隅田川で、静かに花見をしながら弁当をつつき、盃を傾けるのもこの季節の楽しみ方なのである。

隅田川春のうららにアジフライ

二〇一八年三月一八日　阪神大賞典

ナリタブライアンの崩壊と最終戦

今週は天皇賞の前哨戦・阪神大賞典だがメンバーは小粒で、武豊のクリンチャーが実績上本命に押し出されるだろう。しかしつけ込む余地は大いにありそうだ。僕の狙いは有馬記念組のサトノクロニクルとレインボーラインだ。枠連の6‐6を厚めに6‐7、6‐8を抑えた馬券を買ってみた。単勝はレインボーラインだ。で、結果は単勝・連勝ともばっちり当たり、小躍りした。勝利の美酒は相変わらず美味い。

阪神大賞典といえば一九九六年のナリタブライアンとマヤノトップガンの一騎打ちという、壮絶な歴史がある。僕は今でもそのレースの様子を鮮明に脳裏に思い描ける。

競馬ファンにここ20年ぐらいの間、記憶に残る名勝負は何か？　と聞けば、このレースを上げるファンが少なからずいるはずである、と思う。注目の2頭はともに年度代表馬である。昨年の菊花賞と有馬記念を連覇し、絶頂期を迎えようとしていた4歳馬マヤノトップガン、そして一昨年の三冠馬、有馬記念も制したナリタブライアンである。奇しくも両馬の父はブライアンズタイム。サンデーサイレンスに次ぐ名種牡馬である。人気もきっちり二分していた。

ナリタブライアンは前年の秋の天皇賞で12着という大惨敗を喫した。休み明けだとしても負け過ぎである。ジャパンカップは1番人気で6着、有馬記念はマヤノトップガンの4着。それでもファンは復活を信じて阪神大賞典では差のない2番人気に支持したのだ。一番人気はマヤノトップガンである。レースは両雄のマッチレースとなった。4コーナーにかかる前から、ピッタリと馬体を並べ一歩も譲らない。後ろの馬は離される一方である。まったく並んだままゴールに飛び込んだが、ゴール前わずか数メートルでナリタブライアンの頭がぐいと伸び1着。さすがの貫録である。

天皇賞も両雄の一騎打ちになるかと誰もが思ったのだが、このマッチレースに疲れたのか、勝ったのは長距離巧者のサクラローレル。ナリタブライアンは離された2着。マヤノトップガンはさらに離された5着に終わった。しかしマヤノトップガンは翌年の天皇賞・春ではサクラローレルに雪辱を晴らすのだから、競馬は面白いね。

長々書いたが、僕が声を大にして言いたいのは、ナリタブライアンの次のレースである。天皇賞2着の一ヶ月後に1200メートルの高松宮杯を選ぶのかい？　ということなのだ。今だにどうしても理解できない選択である。4歳になってから皐月賞トライアルのスプリングステークスの1800メートルが最短で、あとは中長距離路線で良績を残してきた馬なのだ。絶対にぼろ負けするぞ、と思っていたら案の定1秒弱離された4着だった。そして引退。

僕はひねくれ者で、ナリタブライアンを負かす可能性のある馬からの馬券をいつも買っていたので、ナリタブライアンには良い思い出はない。でもあれほど強かった馬が崩れ、やっと復活しそうな時に、1200メートルのレースを選ぶのは、あまりにも可哀そうに思ったのだ。なんで宝塚記念でないの？まだ高松宮杯に出ずに引退した方が有終の美を飾れたのではないかな。

完璧な実績を残して引退したシンボリルドルフやディープインパクトには、ロボットのような安定した強さだなあと、僕はあまり感慨を持たない。でも一世を風靡した超人気馬・ナリタブライアンの最後には、関係者に対する憤りが今でもあるのだ。もちろん何らかの合理的な理由があり、自分は競走馬そのものに関しては素人だと分かっているのだが、この感情は今でも阪神大賞典のレースになると沸き起こるのだ。怒りと共に僕の胸には、あの阪神大賞典は、滅び行くナリタブライアンが最後に名残の輝きを放った渾身の勝利ではなかったのだろうか、ということだ。蝋燭の火が消える直前に一瞬炎が大きくなるように。

※

ナリタブラインは成績だけ見ると「晩節を汚した」のだが、馬が知るわけもないので、調教師などの関係者の責任だろう。自分も晩節の入口あたりにいるので、この言葉には敏感にならざるを得ない。年を取ると人間は円熟し、穏やかになるといわれてきたが、自分の周りを見回してみると、それは善意の誤解であると感じるのだ。特に男性老人の「おれ様」態度が目につく。何か不平不満が貯まっている人が多いのだろうか。

ある夜、有楽町で映画を観て築地のビジネスホテルに向って自転車をこいでいたら、横断歩道の赤信号を無視して渡る初老の男性がいた。僕が彼の前を横切った時「コラあっ」と大声で怒鳴られてしまった。自分の前方を遮られたので怒ったのだ。僕は悪くないので、自転車を止め「何ですか」と声をかけたのだが、ちらりと僕を見てすたこらと逃げ去ってしまった。

またある時は、築地場外の観光バスの駐車場からバスが出ようとして、信号待ちで歩道を塞いでいた。僕はバスの後ろを回って反対側に出たのだが、そこに老人夫婦がいて、夫がバスに向かって怒鳴っているのだ。「何だ道を塞ぎやがって、どうしてくれるんだ」と大声で運転手に向かって叫んでいる。僕はご婦人に「後ろから回れますよ」と教えてやったのだが、男性は「このバスはけしからん」と怒りが静まらない様子なので、僕は「まあ、怒らないことですよ」と言ったら、「何だお前はこの野郎」と怒りがこちらに向けられてしまった。くわばらくわばら。

こんな体験から、自分は晩節を汚すまいと思うのだが、愛妻君に言わせると「あなたも危ないわよ、今のように他人のことばかりあげつらっているのだから」とあざ笑われてしまった。

晩節を汚すな名馬が手本なり

二〇一八年三月二五日　高松宮記念

悪魔の馬と僕が洗礼を受けたこと

今年初の芝のＧ１レースは、中京競馬場で行われる高松宮記念・１２００メートルの競走だ。古くは高松宮杯といって夏に２０００メートルで行われていた。その昔、一九七三年の高松宮杯は、前走の宝塚記念を圧勝したハマノパレードが断然の一番人気だった。ところが直線中ほどで、脚を骨折し落馬転倒してしまった。「棚からぼた餅」の勝利をつかんだのが、タケデンバードだった。観客からは「またあいつだ、あいつは悪魔の馬だ」という声が上がった。

実は前年の一二月、東京競馬場でクモハタ記念という今は無き重賞レースが行われたのだが、1着はハクホウショウとタケデンバードが並んで入り、審判員が肉眼で判定した結果1着はタケデンバードとなった。ところが誰が見てもハクホウショウがクビ差で勝っており大騒ぎになった。ハクホウショウの関係者は、判定の参考写真を見せろと競馬会に抗議し詰め寄った。

当時際どい着差は肉眼での判定が主で、写真は参考という時代だったのだ。競馬会は写真を見せず、係員がカメラのスイッチを入れ忘れたと強弁した。ハクホウショウの関係者も単勝馬券を手にしているファンも怒り心頭に発したが、判定は覆らなかった。これが競馬史に残る「クモハタ記念事件」である。もちろんタケデンバード自身に悪意があるはずもないのだが、高松宮杯でハマノパレードが骨折し、二度目の「棚ぼた勝利」に心無いファンが「悪魔の馬」といい始めた。

翌年、くだんのハクホウショウがほぼ連戦連勝で秋の天皇賞の大本命となった。そのハクホウショウがスタートしてすぐに骨折し競争を中止してしまい、引退を余儀なくされた。その時も心無いファンは、「タケデンバードの呪いだ」とささやいたのだった。そんな高松宮杯だが、ハイセイコーが楽勝したり、名牝イットーがレース中に突然の土砂降りにあいながらも勝ったりして、僕には思い出深いレースなのである。

さて、今年の高松宮記念。春のスプリントG1としてすっかり定着したレースである。僕の狙いはレッツゴードンキとレーヌミノルの両桜花賞馬だ。これにレッドファルクスを加えた馬連とワイドの3頭ボックスで勝負する。単勝はレッツゴードンキだね。レッツゴードンキはフェブラリーステークスを使っての参戦である。なぜダートの1600メートルを使うのか、疑問の声もあったが、着順は5着でも直線ではあわやと思わせる内容だった。これが馬にとって良い刺激になり、本番の好走につながるはずだ……この読みは当たったのだが残念、馬券は外れだった。

※

ところで悪魔といえば天使と対で、キリスト教の概念である。キリスト教は自分の罪を自覚し、神に許しを請い、社会に奉仕する精神を持つのだと自分なりに理解している。一方日本人の宗教観は、それに比べると大変ゆるく、神社や仏閣では「ご利益」をお願いする人で賑わっている。どちらがいいとはとてもいえないが、僕がキリスト教の洗礼を受けたことを書いてみたい。

二十年以上前だが、幹部として勤めていた会社の業績が傾き、社長命令で部下の何人かの首を切らなければならないことになった。いわゆるリストラである。人の首を切るのはどうにもつらいので「自分も辞めるから」と、嫌がる人を説得したのだった。その時の自分の年齢といえば四〇を過ぎており、再就職も難しかったので、思い切って独立することにした。父親の残した家を売って資金を作り従業員4名の小さな会社を作ったのだ。

多くの人が心配し応援をしてくれたのだが、義父の親友の奥さんが「善い人だから訪ねてごらんなさい」と紹介されたのが、自社製作衣料品のお店を経営されていた女性の社長さんだった。何度か訪ねてよもやま話をするうちに「あなたを大変気に行った。今から素晴らしいところに連れていきます」と立派な教会に連れていかれた。実はその教会の熱心な信者さんだったのだ。

社長は僕を大柄な男性に「よろしくお願いします」と紹介すると別室に消えてしまった。男性は僕を教会の裏の物置のような更衣室に連れて行き、いきなり「全裸になりなさい」と命令した。僕は少し躊躇したが「毒を食らわば皿まで、まな板の上の鯉だ」と観念し、裸になって天才バカボンのパパがはくような白いデカパンと、幼稚園児が着るスモックの大きなものに着替えた。そして2月の寒空の中、教会の敷地の奥に設置された、3メートル四方ほどのプールに連れて行かれ、3度4度5度と、何度も頭を押さえつけられ水の中に沈められたのだ。「昔は多摩川で行っていた儀式です。プールでできるあなたは幸せです」などと言われたのだが、寒いのなんのって、今思い出してもすごい経験をしたものだと思う。

その後、着替えて本堂に入り、牧師さんの指導でお祈りを唱えた。彼が言うには「あなたは今日、神に祝福されました。これから教会に来るもよし、来なくてもよしですが、今日祝福されたことを忘れないでください」と言った。洗礼名を書いた証明書をもらったのだが、何度か引っ越しを重ねるうちに紛失してしまった。僕の洗礼名はセバスチャンとかミカエルとかついていたような気がするが、教会に連絡し確かめる気は起きなかった。

しかし実際に洗礼から二〇年以上過ぎて、自分の死はそう遠いことではないと意識をするようになると、「キリスト教で葬式をするのもいいかな」とか、自分の洗礼名を確かめにその教会を訪ねてみようかなと思ったりする昨今なのだ。「宗教の力恐るべし」だね。ちなみにその女性社長から仕事の発注は一度もなかった。もちろんこちらからも近寄らなかったのだが。

木枯らしに神のみ胸の寒さかな

二〇一八年四月一日　大阪杯

新G1大阪杯と京都での思春期

競馬では4歳以上の馬を古馬と呼び、様々な年齢の馬たちが混じってレースをする。3歳馬は夏になると古馬に交じって戦うこともできるのだが、一流の馬たちは3歳馬同士の5大クラシックレース制覇を目指すのがほとんどである。5大クラシックレースとは、競馬の本家イギリスのレース体系を範にしたもので、牝馬戦が桜花賞とオークス、そして皐月賞、ダービー、菊花賞である。古馬のレースは何度も出られるが、クラシックレースは一生に一度しか出られない。

古馬の超一流が目指すのは、春秋の天皇賞と夏の宝塚記念、冬の有馬記念のグランプリレースである。その間にスプリント戦、マイル戦、牝馬戦、ダート戦、国際招待レースなどのG1レースがある。また近年は香港、ドバイ、フランスに遠征する馬もいる。そのような競馬番組の体系の中に、昨年から新しく大阪杯がG1に格上げになり、従来は天皇賞や宝塚記念の前哨戦だったものが、中距離路線を歩む馬たちの春の大目標になったのである。

昨年の大阪杯はキタサンブラックが勝ち、勢いに乗って天皇賞もレコードタイムで勝利を飾ったが、その反動であろう、宝塚記念で惨敗をしてしまった。あんな強い馬でもG1レースを3つ続けて勝つのは至難のことだと証明されたわけだ。

今年の大阪杯は、中京競馬場で行われた金鯱賞の上位馬、特に1着のスワーヴリチャードと、海外遠征帰りで3着だったサトノダイヤモンド、昨年の皐月賞馬アルアインが人気を分ける、いわゆる三つ巴である。しかし、スワーヴリチャードは右回りに懸念が残る、サトノダイヤモンドの1枠は不思議に不振でこの10年連対が皆無というデータがある。これも無視できない。3強に割り込む馬は5本の指では足りないが、あれも怖いこれも怖いでは買い目が多くなりすぎる。ここは、格調高く人気の3頭の絡みで馬券を買ってみたい。馬連ボックス、3連単ボックスで勝負してみたい。

で、結果だが1着にはスワーヴリチャード。スローペースを最後方から進み、向こう正面で捲りきったデムーロのファインプレーが光った。僕の馬券はあっけなく紙くずになってしまった。

※

さて競馬が大阪杯なので、関西での思い出を記したい。僕の父親はゼネコンの土木技師で、工事現場を転々とし、引っ越しが多かったと以前書いたが、関西にも住んでいたことがある。関西での工事は名神高速道路と東海道新幹線の工事だったので、ほぼ一〇年間住んでいたのだ。工事現場は秀吉と光秀が戦った天王山の京都側、大山崎といわれる辺りで、有名なサントリーの工場が独特の風情を醸し出している場所である。名神高速道路の工事が終わると、高速道路と並行して同区間の新幹線の敷設工事を担当したのだ。

僕たちには工事現場近くの高槻市や茨木市に住むという選択肢もあったのだが、母親は「京都」というイメージに憧れがあったのだろう、僕たち家族は「千年の都・京都」に住むことになった。不動産屋に「環境がよろしおまっせ」と斡旋された街が左京区の下鴨だった。世界遺産の下鴨神社がすぐ近くで、今にして思えば大変有名な神社が僕の遊び場所だったのだ。最初の住まいは、年寄り夫婦の空いた部屋の間借りだったのだが、台所・トイレ・風呂が大家さんと一緒というのは、京都でなくても生活が窮屈で、結局半年後に近所の小さな平屋の一軒家に引っ越した。

京都、大阪、神戸の関西3大都市にはそれぞれ異なる気風があるのだが、中でも京都人の心は複雑で、心を許しあうまで時間がかかるのだった。応仁の乱など市内が長く戦乱に巻き込まれ、おいそれと本心をさらさず、相手が何者かを用心深く探る。そんなことが当たり前になり、有名な「ぶぶ漬でもどないですか?」のように、持って回った言い方をするようになったのだね。

僕の強烈な思い出は中学校2年生の時、あまり付き合いがなかった同級生のKが「今日、俺の家に遊びにこいや」と言うので行ったら、「俺たちは親友や、何でも隠さんと話そやないか、ところでクラスの女の子で誰が好きなんや?」と言うので、「うーん、Aさんと、Bさんもええなあ」などといろいろ話したのだ。

次の日教室に入るとKは仲間何人かで大笑いしながら僕を指さし「あいつはあほやで、親友やから何でも話せゆうたら、あの子が好きやとかなんとかべらべらしゃべりやがって……」と数人であざ笑うのだった。「嵌められた」と分かったのだが、温和な性質の僕はただうつむいて時の過ぎるのを待つだけだった。京都は子供ですら陰謀をめぐらす恐ろしい街だと体験したわけだ。

一事が万事そんな調子で、そこにいない人間の悪口を言うのは日常茶飯事なのだが、それすら罠ではないかと用心しながら、自分の本当に言いたいことを婉曲に表現する癖がついてしまった。母親はそんな僕を「京都の悪いところばかり身についた」と非難するのが常だった。しかし、思春期を過ぎ高校生になると僕は一皮むけたようだった。自我に目覚めたのだ。

哲学書を読み、自分自身の考えに自信を持ち、人の話も謙虚に聞くようになった。京都人の心の複雑さも快く認め、自分は正直に人々とつき合うように心がけた。ただ、自信を持って授業をさぼり、喫茶店でコーヒーを楽しみながら煙草をくゆらすことが常だった。今から思うと、自我の確立とうそぶいて勉強をさぼる言い訳にしていたような気もする。そんな安易に流されることを正当化するひねくれ者になってしまっていたのだと、今では反省するのである。

ぶぶ漬けの陰謀渦巻く都かな

二〇一八年四月八日　桜花賞

桜大好き日本人、桜花賞は大穴狙い

桜は日本人にとって特別な花である。さっと咲いてパッと散る様子を、潔い心や生き方に例える人も多い。日本は四季がはっきりしているので、人々は世界のどの民族よりも花鳥風月の移り変わりに敏感なのだが、中でも桜は特別な花のようだ。「花」といえば桜を指す場合も多く、毎年この時期になるとマスコミでは桜の開花情報が、それこそ満開なのである。

桜を見るだけではなく、苗木を植え続ける人も全国各地にいる。僕が高校生のころ山登りで訪れた岐阜は長良川の源流から、飛騨の白川村に向かう国道沿いに、自費で購入した桜の苗木を何年も植え続けている人がいた。そんな人が全国各地にいるという。そのほとんどが中高年の男性である。いわゆる「桜守」とか「桜おじさん」で、時々マスコミに登場する。

桜の種類は数多いが、人々が愛でる桜はほとんどがソメイヨシノである。江戸末期に品種改良されたもので、１００年ほどの命だという。よく樹齢数百年という桜の古木があると聞くが、エドヒガンザクラがほとんどである。日本三大桜といわれる山梨県北斗市実相寺の神代桜、福島県三春の滝桜、岐阜県根尾谷の淡墨桜のいずれもエドヒガン系で樹齢千年とも二千年とも聞く。

　僕の好きな桜は山桜だ。山の中に自生する野生の桜で地味である。少し赤くなった小さな葉も花と一緒に開いている。芽が膨らんで色づき、もうすぐ一斉にパステルカラーに染まるだろう広葉樹林の薄緑色の中にポツンと咲いている山桜は、地味ではあるがとても風情を感じる。誰もいない山の中で、一献傾けながら花を眺めていると、なぜか哲学的、宗教的な感慨がわき起こり、普段の自分にはない高尚な思い、例えば宇宙の中の自分とは何か、などと思うのである。

　桜は多くの文学作品や歌曲にも登場する。古くは梶井基次郎に『櫻の木の下には』があり、桜の木の下には死体が埋まっている、そうでなければあんなに見事に花が咲くはずがない、という短編小説である。大学生のころ花見に行っては女の子にその一節を聞かせたものだ。もちろん下心満々であったのだが、作品が古すぎたのか「はあっ？」っと返されるのが常だった。

　桜をテーマにした歌曲も多い。桜の季節が日本の年度替わりの時期とぴったり重なるので、別れと出会いのせつなさ、喜びを桜の花に重ね合わせると相乗効果が得られるんだね。僕が好きな曲は滝廉太郎の『花』だ。値千金の眺めを何に例えればいいだろう例えるものがない、との歌詞とメロディーに、桜の花への日本人の感慨が端的に表れていると思うのだ。

　日本各地に「千本桜」は何か所あるのだろうかと、インターネットで調べてみたら、『千本桜』という歌が真っ先に出てきた。中に『千本桜・初音ミク』とあったので、浄瑠璃や歌舞伎で有名な『義経千本桜』の「初音の鼓」のことかと思ったら、何と仮想のアイドルが激しいリズムで歌い踊っていた。今の子たちの「桜」はこうなんだねえと、しみじみ自分の年齢を感じてしまった。

※

さて桜花賞であるが、３歳牝馬にとって最初のＧ１レースで、兵庫県西宮市の阪神競馬場で毎年４月上旬に行われる。若い牝馬と桜の季節を人間に例えると、「少女たちの春の目覚め」であろうか。レースが行われる場所柄から、宝塚歌劇団を連想する人もいる。「純潔の乙女たちが桜の園で舞う」というイメージをレースに重ねているわけだ。

「清く正しく美しく」という宝塚歌劇団のキャッチフレーズとは無縁の人生を送ってきた僕は、桜花賞というレース自体も苦手であり、ズバリ的中の良い思い出がほとんどない。僕の馬券セオリーの中に、「春先の牝馬は信用するな」というものがある。この季節はサラブレッドにとって、繁殖のシーズンで、売れっ子の種牡馬は一日に何度も種付けをするという。もちろん牝馬も発情し、仔馬を宿すチャンスを待っているのである。

競馬業界では発情のことを「フケ」といい、フケになるとレースでは十分に実力を発揮できないこともある。この時期、人気の牝馬がだらしなく負けたりすると、翌日の新聞に「フケが来たから」という厩舎側の言い訳コメントが載ったりする。だから僕は春先の牝馬戦、もしくは牝馬は疑ってかかることにしている。馬券戦法は実力馬が謎の敗戦を喫し、人気のない馬が上位に来ることを前提に購入馬券を組み立てるのである。まあそんな買い方では当たるはずないよね。

さて、今年の桜花賞だが本命は無傷の4連勝で挑むラッキーライラックで間違いないだろう。新種牡馬オルフェーブルの娘だ。オルフェーブルは「暴れん坊」といわれ、豪胆なレースぶりは優等生とはいいにくかったが、この娘は今のところ優等生である。もしも桜花賞で人気を背負い惨敗してしまったら、多くのファンは「あの父の娘だからなあ……」とため息をつくだろう。

対抗の一番手は牡馬を蹴散らしシンザン記念を勝ったアーモンドアイだろう。これも新種牡馬ロードカナロアが初のG1を取るかどうか、ラッキーライラックとの争いは見ものだろう。対抗の二番手はトライアルの覇者プリモシーンかな。しかし僕はこれらの馬は抑えにまわし、アネモネステークス2着のレッドレグナントに一発大逆転の可能性を見いだした。理由はもちろんデムーロが騎乗するからであり、父がロードカナロアということもある。相手はラッキーライラック、アーモンドアイ、プリモシーン、ハーレムラインの4頭だ。さあ、単・複と馬単、馬連、ワイドの流し馬券を手広く買いたい。保険で1-7の枠連もね。

結果はデムーロじゃなくルメールだったのね。保険のありたさが身に染みました。

ゆく春や千本桜に初音ミク

二〇一八年四月一五日　皐月賞

皐月賞 三冠馬への第一歩

「江戸っ子は五月の鯉の吹き流し口先ばかりではらわたはなし」口は悪いが腹の中はさっぱりとわだかまりがないよ、又は口先ばかりで軽い奴、といった江戸っ子の気質を表す、昔からよくいわれていることでございます。どちらにしても江戸っ子てえのはたいしたやつじゃあねえなあ、とからかう御仁もいらっしゃいますが、本日は皐月賞のお話でご機嫌を頂きたいと存じます。

と、落語家風に初めてみたのだが、皐月賞の皐月と五月はどう違うのだということから説明してみたい。実は皐月賞は花の皐月だとずうっと思っていたのだが、ある時辞書に「旧暦の五月は皐月といっていた」とあったのでびっくりしたことがある。競馬では五月はダービーのイメージがあり、皐月賞は例年4月の中ごろなので、どうもピンとこない。で、調べてみると皐月賞創設のころは5月に行っていたんじゃないか？　というういい加減な答えが調べてみたら当っていた。

皐月賞・ダービー（正式名は東京優駿）・菊花賞の3レースが牡馬の3冠レースで、それぞれ中山、東京、京都、距離も2000m、2400m、3000mと場所も距離も異なる。時期も4月、5月、11月の春と秋に行われる。条件の異なる3つのレースを制してこそ、オールマイティの最強馬といわれる、それが三冠馬なのだ。もちろん牝馬も出ることができるのだが、牝馬同士の桜花賞、オークス、秋華賞の牝馬三冠レースがあるので、よほど自信がなければ出てこないのだ。近年では牝馬のウオッカが桜花賞を勝ちながらオークスへは向かわず、ダービーを勝ったのが印象に残ってるね。よほど自信がなければできない選択だった。

長い競馬の歴史で三冠馬は7頭。古い順にセントライト、シンザン、ミスターシービー、シンボリルドルフ、ナリタブライアン、ディープインパクト、オルフェーブルだ。中でもミスターシービーとオルフェーブルは父も母も日本の競馬で走っており、競馬ファンには馴染みの血統である。ミスターシービーの父はトウショウボーイ、母はシービークイン。トウショウボーイは「天馬」と呼ばれ皐月賞、有馬記念、宝塚記念を勝ち、悲運の名馬テンポイントのライバルとして知られている。シービークインも重賞勝ち馬だ。父も母も名馬だったのである。

オルフェーブルの父はステイゴールドで、名前に反して天皇賞2着3回など「銀メダルコレクター」と呼ばれたが、日本ではなく海外でG1を勝ったのは皮肉といえる。母のオリエンタルアートは3勝した牝馬で、オルフェーブルを生んだことで名牝といえるだろう。7頭の三冠馬の中でもミスターシービーとオルフェーブルは、はらはらドキドキのレースぶりでも双璧といえるだろう。ほかの三冠馬は安心して見ていられる、いわゆる「優等生タイプ」だったと思う。

オルフェーブルがすごいのは凱旋門賞で連続して2着になったことだ。一度目は「勝った」と思ったのだが、ゴール前の油断で足元をすくわれる結果になった悔しいレースだった。オルフェーブルは本当に世界で通用する一流馬だったのである。

オルフェーブルの母・オリエンタルアートは3勝した普通の馬だったが、名馬の母となる素質はその血統からうかがえる。オリエンタルアートの父は天皇賞を1着失格も含めて3度勝ったメジロマックイーンである。その父メジロティターンも天皇賞をレコードタイムで勝った強い馬だったし、その父メジロアサマも天皇賞馬である。メジロアサマなどは精子の数が少なく、種牡馬失格といわれた馬であるが、関係者の努力で数少ない子孫を残したのだ。その血筋からオルフェーブルが出てくるのだから、競馬は血統のおもしろさもあるのだね。

ちなみにオルフェーブルは、天皇賞・春に一度だけ出走したのだが、圧倒的一番人気に応えられず、11着と大惨敗を喫しているのも、競馬の皮肉ともいえるだろう。さらに面白いのはその時の勝ち馬ビートブラックの父の名がミスキャスト、2着がトーセンジョーダンというのも大穴レースの結果らしく、笑ってしまう。

※

さて、三冠馬になるためにはまず今年の皐月賞を勝たなければならない。今年は、ダントツ人気が予想された4戦無敗のダノンプレミアムが坐石でレースを回避。繰り上りで弥生賞2着ワグネリアン、スプリングステークスの勝ち馬ステルヴィオが人気を分け合う形となった。

僕の狙いはスプリンターズステークス鼻差2着のエポカドーロだ。何故かって? それは父がオルフェーブルだからである。ここまでオルフェーブルについて書いてきたのは、今年の皐月賞の予想に落とし込むためだったのだよ。鼻差で勝ちを譲ったステルヴィオはロードカナロアの産駒。皐月賞の2000mはちょっと長いと思う、今度はエポカドーロが先に来るはずである。

一番人気のワグネリアンは休み明けの弥生賞はもたもたしたレースぶりだったが、あくまでも足慣らしだったと思う。今回は全力投球間違いなしだ。この馬がエポカドーロの相手筆頭だね。そして共同通信杯を3連勝で制したオウケンムーンを抜擢したい。血統からは皐月賞向きではないが、先物買いといきたい。騎手は地味だが時に大穴をあける北村宏にも期待したい。キタサンブラックの主戦騎手だったが怪我で乗れない間に、主戦の座を武豊に取られてしまった。キタサンでのG1勝ちは菊花賞だけという悔しさをここで爆発させてほしい。馬券はエポカドーロの単複、馬連でワグネリアン、オウケンムーン、ステルヴィオへの3点で勝負だ。

結果はご存じのとおり、単勝複勝がズバリ当たった。思い出の皐月賞になるだろう。

二〇一八年四月二二日　フローラステークス

競馬場とビール工場はワンセット

今週はG1レースの谷間で、オークスへの優先出走権が3着までに与えられるオークストライアルが府中の東京競馬場で行われる。距離は2000mだ。桜花賞は阪神競馬場の距離1600m、オークスは東京競馬場の2400mで行われる。距離と競馬場が異なるので、一度東京コースの2000mを経験させたいという思惑で出走してくる馬も多い。

また賞金不足で賞金を加算させたい馬、3着までに入ってオークスの出走権を取りたい馬たちの争いにもなる。賞金というのは競馬のクラス分けのことで、1着になると次はその上のクラスで戦うことになる。下から新馬戦を含む未勝利戦、1勝した馬同士の500万クラス、そして勝ち星を重ねるたびにクラスが上がり、1000万条件、1600万条件、それ以上をオープンという。G1などグレードのつくレースはオープン馬によって争われるのだ。

自分のクラスより上のクラスで戦うことを「格上挑戦」というのだが、たいていは惨敗を喫するのだ。

しかし、今回のトライアル戦はG2のオープン戦だが、権利を取りたい格上挑戦の馬が何頭も出てくる。レース経験を積んだ4歳、5歳になると古馬と呼ばれ、力も安定しているのだが、3歳の若馬は急に実力がアップすることがある。いわゆる短期間で急成長を遂げるわけだ。そんな理由もあり、格下の馬も多く出場するのである。そして意外にもそれらの馬が活躍することが結構あるので、競馬は難しい。

大変昔の話で恐縮なのだが、テスコガビーという滅法強い馬がいて、桜花賞では大本命になり、2着の馬に9馬身以上の差をつけて優勝した。さすがの僕も彼女から馬券を流し買いしていたのだが、抜けられてしまった。そんな強い馬がオークストライアルに出走し、断然の一番人気になった。僕は彼女の最終目標はオークスにあるとにらみ、ここは八分の出来で足慣らしと踏んだ。

それで、彼女を外した馬券、1着トウホーパール、2着カバリダナーという30倍以上の穴馬券を1点で当てて桜花賞惨敗の溜飲を下げたのだった。テスコガビーは3着だったが、オークスでは楽勝した。僕は当初はそう予想はしていたものの、もしかして調子が落ちたのかもと、高配当にも目がくらみテスコガビーを外して勝負し、あっけなく返り討ちにあってしまった。

今年のフローラステークスはそんな断トツ人気でこけそうな馬はいないが、「荒れる牝馬戦」のセオリーに従って大穴を狙ってみる。オルフェーブルの仔ラブラブラブの単複と、馬連とワイドの流し馬券だ。相手はディープインパクトの仔5頭で、賭ける金額は小銭程度で遊ぶ。

※

結果は全くの見込み違い、しんがり負けを喫してしまった。ここは歌でも唄って気分一新をしたい。僕がいつも歌うのは、ユーミンの『中央フリーウェイ』だ。察しの良い方はお分かりだろうが、歌詞に「右に見える競馬場、左はビール工場……」という一節があるのだ。実は最初から通して歌うことはあまりなく、曲の中ほどのその一節だけを繰り返し歌うことが多い。

競馬場とはもちろん東京競馬場、ビール工場はサントリーの武蔵野工場である。下世話な話だが、「酒と競馬」は僕の人生になくてはならない大事なセットになっていて、この歌を初めて聞いた時には自分のことだと、飛び上がって喜んだものだ。

この歌の発売当時、20歳代だった僕は、一生の中でも一番多量の飲酒をしていた時期だったのだ。僕の血筋は父方も母方もあまり酒豪はいないのだが、僕だけが突然変異のように酒飲みになってしまったのだ。自慢できることではないが、最初に二日酔いを経験したのが小学校に上がるか上がらないかのころだったのである。

父はゼネコンの土木技師をしており、そのころは石川県の白峰村という今でも豪雪で有名な所に住んでいた。冬は雪で下界と閉ざされる、いわゆる「陸の孤島」である。そんな村の冬は、父たちには大した仕事もなく、子供は外で雪遊びやスキーなどをするのだが、大人たちといえば麻雀や花札などの博打をするか、酒を飲むか、ご婦人にちょっかいを出すぐらいしか楽しみがなかった。なんせテレビなんていう時間つぶしに良いものはなかったのである。

酒宴が終わり玄関に客を見送るため、みんなが卓を離れる時がチャンスなのである。もちろん皆の飲み残しのお酒をぐびぐびといただくのである。そんな僕の行状に手を焼いた両親は、僕に酒を思う存分飲ますという荒治療を施すことにした、誰かの入れ知恵もあったのかもしれない。ある穏やかな春の一日、ピクニックとしゃれ込んで近くの山に登り、僕に好きなだけ酒を飲んでいいというのである。

そして、ぐでんぐでんに酔った僕は、山を転がるように駆け下り、村中をわめきながら走り回り、自宅の押し入れに飛び込んで、蒲団にげろっと吐いて寝てしまった。次の日の苦しいことはいうまでもなく、以後しばらく飲酒は控えることになった。荒療治が功を奏したわけだね。

時は過ぎ、大人になった僕は子供の学校の都合で府中に住むことになった。いよいよ競馬場とビール工場の近くに来たのだ。運命的ともいえるね。いまはどうか分からないが、僕が住んでいた当時は、4月の天皇誕生日に工場でビール祭りが行われていた。入口でビールの無料券が2枚、おつまみ券が1枚配られ、追加は現金払いだった。知人たちと昼から飲みまくり、車座になって歌う歌はいつも「右に見える競馬場、左はビール工場……」。これが6年ほど続いたのである。

人生にまとわりついて酒と馬

二〇一八年四月二九日　天皇賞・春

ゆく春や 恨みは深し 天皇賞

桜花賞は当たった思い出がほとんどないと以前書いたが、実は春の天皇賞も良い思い出があまりない。馬券の恨みは深いのである。しかしG1レースでは最も長い3200mで争われるので、好きなレースではあるのだ。競馬の三冠レースは、皐月賞は最も早い馬が勝つ、ダービーは最も運の良い馬が勝つ、そして菊花賞は最も強い馬が勝つといわれてきた。つまり3000mの菊花賞を勝つ馬が最強馬で、菊花賞と場所が同じで距離も似ている春の天皇賞は「完成した最強の馬が勝つ」レースなのである。競馬ファンとしては心を躍らせないわけにはいかないのだ。

その天皇賞にこだわった馬主さんがいた。オーナーブリーダーといって、自分の牧場で生産した馬を、自分の名義で走らせた方である。普通の牧場は馬を作り、馬主さんに買ってもらって経営が成り立つのであるが、その馬主さんは天皇賞を勝つことを大目標に馬づくりをし、自分の名義で走らせてきたのである。牧場の名前はメジロ牧場、オーナーは北野建設といった。多くの名馬を出したのだが、基本は「天皇賞を勝つ長距離馬」を出すことを目標にしていたという。

1969年から3年連続でメジロタイヨウ、メジロアサマ、メジロムサシが天皇賞に勝ち、10年空けてメジロティターン、8年空けてメジロマックイーンが春の天皇賞2連勝、その間に秋の天皇賞1着失格というおまけもある。さらに5年空けてメジロブライトが勝ち、これが最後の勝利となったのだ。その後競馬を取り巻く環境も大きく変わり、また他の理由もあったのだろう、廃業ということになってしまい、長距離戦のファンとしては残念である。

名馬オルフェーブルは母の父がメジロマックイーン、その父がメジロティターン、またその父がメジロアサマというメジロ牧場の血の流れが入っており、僕にはそれが強さのルーツなのかと感慨深い。メジロ牧場の執念はオルフェーブルに受け継がれているのかもしれないね。

さて今年の春の天皇賞であるが、大阪杯がG1に昇格した影響がどうなっていくのか。つまり大阪杯から宝塚記念というステップが超一流馬のコースになって、天皇賞は長距離走が得意なステイヤーだけの目標となってしまうのではという懸念があるのだ。そうならないためには、最高額の賞金を維持することだと思う。今回の天皇賞はシュヴァルグラン、レインボーライン、ガンコ、クリンチャー、サトノクロニクルなどが人気上位を占めている。僕の懸念が当たったようでやや小粒のメンバーになった。狙う馬券はカレンミロティックの単複、馬連とワイドの相手はシュヴァルグランだ。理由は春の天皇賞過去3年で、両馬とも3着2着の実績がある春天のエキスパートだからだ。

で、結果はとほほの大惨敗。3コーナーを回ったところで無謀な夢は砕け散ってしまった。

※

ところで日本三大怨霊というものがあり、その一人が天皇経験者なのである。平安時代の保元の乱のころの崇徳天皇である。天皇であった期間は短く、位を退くと崇徳上皇とか、崇徳院と呼ばれることになるのである。和歌が上手で小倉百人一首の「瀬を早み岩にせかるる滝川もわれても末に逢わんとぞ思ふ」が有名である。余談だが落語にも『崇徳院』がある。

当時の政界では、いろいろな陰謀・策略があって、天皇経験者としては讃岐の国に流されるというとんでもない憂き目にあった。腹がたったのであろう、毛も爪も伸び放題にし、異形の形相で都に恨みを抱き続け、配所の地で死んだという。その後、都で崇徳院追放に関係した人々が何人も急死や怪死をしたため、崇徳院の怨霊がたたっているといわれたという。

三大怨霊のもう一人が菅原道真で、学問の神様とか天神様といって神様になった人がなぜ怨霊なのか。実は政争に敗れ九州の大宰府に流された当時は、都で雷の被害が多発し、道真様が雷神になり怒られているといわれたからである。道真の所領に桑畑が多くあったので、桑畑にいけば雷が落ちないとまことしやかにいわれたらしい。恐ろしいものから逃げる際に「くわばらくわばら」というのはここから始まったのである。ほんとだよ。

さて怨霊の最後は平将門。今では江戸の守り神で神田明神に祭られている。戦の神様というわけで、競馬のみならず勝負事をする人は神田明神のお札を貼ったり、お守りを持つと勝ち運に恵まれるとされている。これもほんとだよ。

心ならずも朝敵となった将門は討たれて、その首は都でさらされたのだが、空を飛んで関東に帰ってきたという。その首を祀った首塚が大手町にあり、戦後GHQが首塚を壊そうとすると、工事関係者に死者が続出したので工事は中止され、今でも首塚はそのままある。首塚はいつ行っても線香や花が供えられている。怨霊とはいえ関東の人には慕われているのだね。

僕は福岡の太宰府天満宮にもお参りをしたし、京都の北野天満宮にもよく行ったものだ。北野天満宮では毎月25日は「天神さん」といって古物市が開かれるので掘り出し物を探しに行ったのだ。将門の首塚も、東京見物をしたいという人には率先して案内し、神田明神もたびたび行った。神田明神の入口に天野屋という茶店があり、そこの芝崎納豆が大粒なので、大粒納豆が大好きな僕はよく買いに行った。実は明神様へのお参りはそのついでが多く申し訳けなかった。

しかし、崇徳院の墓所には一度も行ったことがない。香川県坂出市に崇徳天皇白峯御陵があるというので、一度はお参りしないといけないね。また京都に白峰神社がありここにも祭られているとのこと。春の天皇賞の前にはぜひお参りしたいと思っているのは、僕だけだろうなあ。

二〇一八年五月六日　NHKマイルカップ

NHK杯に日本語の融通無碍を思う

3歳馬だけのマイルG1で創設20年以上になる。皐月賞・ダービーは距離が長すぎると見極め、先々はマイル路線に活躍の場を見出そうという馬たちの春の頂上決戦である。昔はNHK杯と言い、同じ時期に2000mで行われていたダービートライアルだった。しかし青葉賞やプリンシパルステークスが新しくダービーのトライアルレースになったので模様替えされたのだ。

今でこそマイル路線を目指す馬たちの目標となっているが、初期は凱旋門賞2着のエルコンドルパサーや、ダート路線でも大活躍したクロフネ、このレースに続いてダービーも連勝し、今や大種牡馬となったキングカメハメハもいる。そんな大物いれば、あまり出世をせず終わってしまった馬も多々いるのは、成長途上の3歳馬だけに仕方がないことなのかもしれない。

今年のメンバーは粒ぞろいだと思う。それは前走1分33秒台で走っている馬が6頭もいるからだ。そのほかにも前哨戦のニュージーランドトロフィーの1、2着馬や、重賞・毎日杯2着馬など多士済々である。昨年、一昨年と牝馬が優勝しており今年も注目されているが、僕は「今年は男の番」だと睨んでいる。本命は2度1分33秒台を出しているタワーオブロンドンだ。馬券は馬連でカツジ、ギベオン、ケイアイノーテックのディープインパクト産駒に、パクスアメリカーナを加えた4頭に流したい。……あれえっ！　縦目だよ。ボックスで買っておけばと後悔でした。

※

ところでNHKは日本放送協会の略なのだが、なぜアルファベットなのだろうか。昔は民間のテレビ局にNETという局があり、正式名称は日本教育テレビジョンだったのだ。今のテレビ朝日だね。「教育」は英語ではエデュケーションなので、日本語と英語を混ぜてネーミングしている混合型だ。日本語では正式名称を縮めるやり方は別にもあるだろう。日本放送協会なら「日放協」でもよいのではなかろうか。例えば日本教職員組合は日教組と略称で呼ばれることが多いし、世間でもその呼び方がなじんでいる。

アルファベットの略語は世界中で使われている。例えば国際通貨基金はＩＭＦだし、ＴＰＰは環太平洋経済連携協定、ＬＣＣは格安航空会社だ。これらは正式名称の頭文字をとっていて、一般的な略称づくりの方法だろう。ところが日本には日本語を直接アルファベット化する文化があると思う。それがＮＨＫに代表される呼び方だ。この方法は広く使われており、今や正式名称は知らなくても略称は知っているという会社も多い。またアルファベットの方が日常使われて、正式名称をよく知らない会社もある。ANAとかJALなんかが代表格か。これを「あな」「じゃる」と呼ぶのも日本ならではであろう。

最近ディー・エヌ・エーという会社の名前を聞くことがある。アルファベットではDeNAと書く。これは遺伝子のDNAに、電子商取引のeコマースを組み合わせたものだという。説明がなければ絶対に分からないね。しかし我々日本人は一度馴染むと割と違和感なく使っている。これは日本人の言語習慣というか言語処理能力が優れているからだろうと思う。これは決して外国語の習得が得意ということではなく、逆に不得意だからかもしれないと思うのは僕だけだろうか。

昔MMKおじさんとか、「俺はMMKだ」などと冗談で言う人がいた。MMKとは「もてて、もてて、困る」の略なのだ。冗談でしか使えない言葉だね。ここ数年KYという言葉をよく聞くようになった。これは「空気が読めない」の略で、「あの人はKYだから」などと言う。こうなると外国人にはちんぷんかんぷんだろう。このアルファベットのおふざけ略語は、美人女優・北川景子と結婚したDAIGOの持ちネタで、例えば「馬券が外れてすっからかん」はBHSという具合だ。「俺の妻は美人だ」はOTBとなる。やれやれだね。

明治時代の文明開化で、どっとなだれ込んだ外国語をいかに日本語にするか、当時の知識人は大変苦労したことだろう。しかしその時、日本語に翻訳した外国語はいまや自然に使われているどころか、漢字圏の外国でも一般名詞として定着しているのだ。例えば社会、経済、学校、銀行、政府、人民、共和、病院、民主、人権などの単語である。

日本海の向こう側に「○○民主主義人民共和国」という国があるけれど、この単語はすべて明治の日本人が発明したものなのである。元の漢字は中国から学んだものだが、近代社会を理解する単語は日本製が多いのである。漢字の国中国でも使用されている単語のかなり多くが日本製なのは文化の相互伝達の面白さを表しているね。

日本の文化の大方は中国大陸から朝鮮半島を通って渡ってきたものだが、昔の日本人は漢文を読み下して読めたのだ。日本人はその漢字を崩して万葉仮名を作った。これがひらがなの始まりである。江戸時代まで知識人は漢文をそのまま読み下せたという。漢文を読む際に補助として万葉仮名の一部を省略して使っていたのがカタカナの元だと、先ほどネットで勉強したばかりだ。

日本人は漢字からひらがなとカタカナを生み出し、外来語を日本語に翻訳するなど、言語と文字の使い方に融通無碍なところがあるのだと思う。だからアルファベットも、社名の略語も、インターネットの時代に即してどんどん新語を作り使いこなしている。こんな民族は世界にあるだろうか。昔は若者が使っていた「じゃん」言葉も、今やすっかり普段使いとして定着し、大正生まれの僕の母親も「そうじゃん」なんて口走るのである。

ＫＹは俺のことかと一人ごち

二〇一八年五月一三日　ヴィクトリアマイル

ブエナ・ビスタ・ソシアル・クラブ

ヴィクトリアマイルは、東京競馬場で行われる4歳以上の牝馬によるマイルG1で創設13年目になる。それ以前は4歳以上の牝馬のG1レースは秋のエリザベス女王杯だけだったので、強い牝馬同士の春の総決算の趣がある。それ以上を望む牝馬はこの後安田記念と宝塚記念があり、ヴィクトリアマイルをパスして挑戦する牝馬もいる。歴史は浅いがウオッカ、ブエナビスタ、アパパネという強豪牝馬が過去の優勝馬に名を連ねていることからも、このレースが重要な位置にあることが分かる。

中でも思い出に残る馬はブエナビスタだ。彼女は国内で21戦しているがデビューから連続19戦1番人気だった。最後の2戦はジャパンカップと有馬記念で両レースとも2番人気だったが、ジャパンカップは鮮やかな差し切り勝ちを決めた。最終戦の有馬記念は引退レースであったが、オルフェーブルの7着と有終の美は飾れなかった。

僕は牝馬の一番人気には基本的に逆らうことにしているので、自慢ではないがブエナビスタの単勝馬券は買ったことがない。連勝でも外れてばっかりだったが、彼女が3歳で挑んだエリザベス女王杯で、逃げ馬クイーンスプマンテの単勝、複勝、連勝と買い、70倍の単勝と複勝を当てた思い出がある。ブエナビスタは3着だったが、2着に来てくれれば連勝も当たったので、直線コースではブエナビスタを心の底から応援し、声を張り上げたのだった。3着でゴールに入った後は彼女をののしるばっかりだったのだがね。

翌年の有馬記念では、ヴィクトワールピサの単勝、ブエナビスタへの馬単、馬連、3連単はヴィクトワールピサを1着、2着にブエナビスタ、3着に3歳馬5頭を入れた3連単馬券を買った。この馬券はすべて当たり、僕は競馬人生で最高の配当を手にしたのである。本当にありがとうヴィクトワールピサ、ありがとうブエナビスタと大声で叫んだのだった。

実はそれ以外のブエナビスタが出たレースでは、馬券はほとんど負けていたので、このレースで負けを取り戻したことになる。ブエナビスタは父がダービー馬スペシャルウィーク、母が桜花賞馬ビワハイジという超良血馬であったが、ジャパンカップで1着降着、秋華賞では2着降着のレースがあり、そんなはらはらするレースぶりも魅力の一つでファンがとても多かった。

今年のレースは、ブエナビスタのようなスターホースはいないが、馬券的には面白そうだ。僕の狙いは人気の落ちたソウルスターリングだ。馬券は単複と馬連。相手はアエロリット、リスグラシュー、ミスパンテール、アドマイヤリードの人気馬だが……さて。結果だが、うーんと唸るばかりで、残念。かすりもしなかった。やっぱり牝馬戦は難しいなあ。

きちんと調べたことはないのだが、ブエナビスタの言葉の意味はスペイン語で「素晴らしい景色」とか「絶景」のことらしい。ビワハイジの娘にブエナビスタと名付けたのは、多分１９９９年日本で公開されたアメリカ映画『ブエナ・ビスタ・ソシアル・クラブ』が流行ったからではないかと思うのだが、確証はない。

※

この映画の公開は、東京では渋谷の単館上映で大々的な宣伝があったわけではなかった。僕がこの映画を観たきっかけも偶然だった。ある日曜日、僕は渋谷にいた。馬券は電話で仕込んだので、何か映画でも見ようかと思ったが、気持ちが向くような映画はなかった。ふと街角にあったタウンガイドのようなものを手に取ると、映画の案内もあり、４センチ四方ほどの小さな囲みの中に『ブエナ・ビスタ・ソシアル・クラブ』の案内が出ていたのである。

そこには「引退した老ミュージシャンが再び集まり演奏をする」とだけ説明があった。写真はあったが多分老人が楽器を奏でている姿だったと思う。「老ミュージシャン」という言葉が僕の琴線に響き観に行くことにした。渋谷の街の小さな映画館でビルの上の方にあったと記憶しているのだが、そこで観た映画には期待を大きく裏切る感動があったのだ。

何となくサンバやボサノバといった陽気な感じをラテン音楽にイメージしていて、多分その範囲に入るものだろうと想像していたのだが、登場する老人たちの奏でる音楽と歌は少し異なった、キューバ音楽というオリジナリティーを感じたのだ。社会主義国で一種文化の進行が止まっていたのだろうか、僕にはある種の懐かしさを感じ、胸にこみ上げるものがあった。

帰宅してすぐ愛妻君に報告し、翌週改めて夫婦同伴で同じ映画館に行ってみた。驚くことに先週より観客がすごく多く、映画終了と同時に拍手が沸いたのである。多分僕と同じように感動した人たちが口コミで広めたのではないかと思う。久しぶりに穴馬券を当てたように興奮し、ＣＤを買ったり、馴染みの飲み屋では会う人ごとに「素晴らしい音楽映画」だと吹聴したりした。

しかし、映画が世界的にヒットし、その音楽が日本でもブームになって、雑誌やテレビなどで紹介され、また映画に登場したミュージシャンたちが世界中を公演するようになると、僕は少し鼻白むようになった。あの映画と音楽に漂う「老人たちの黄昏感」や、時間が止まったようなキューバ社会へのノスタルジー、そういった滅びゆくものに哀愁を感じていた僕は、最初に出会った時の「感動」が醒めてしまったのである。勝手なもんだねと自嘲するが、曲には罪はない。僕はＣＤからスマホに曲を移し入れて、今でも時々聴いているのである。

二〇一八年五月二〇日　オークス

五月に東京競馬場に行く理由とは

　近代競馬発祥の地はイギリスだが、もともとは貴族同士の馬自慢から始まったといわれている。ダービーの創設者は第12代ダービー卿エドワード・スミス・スタンレーで、「オークス」と呼ばれる樫の森を所有していた。1779年にエリザベス・ハミルトンと結婚した際の記念競馬が『オークス』の始まりである。3歳牝馬のみのレースは夫人の発案ともいわれる。大よそは知っていたのだが、念のためネットで検索してみた。

　ダービー卿のお相手のエリザベス嬢は「オークスの処女」といわれたというが、僕はエリザベスといえばあの「エリザベス・テーラー」をついつい思い出す。彼女の子供のころの出演映画に『緑園の天使』があり、あどけなくも美しい顔で、愛馬に乗り疾走している場面を今でも思い出す。あんたは何歳だよといわれそうだが、封切り数十年後にテレビで観たものだ。今でもレンタルDVD屋さんにあると思う。伝統の大障害レース・グランドナショナルのレースシーンは圧巻。競馬ファン必見の映画だ。

イギリスでオークスが始まったころの日本といえば江戸時代。天明の大飢饉、浅間山の大爆発などと年表にあり、あまり明るい時代ではなかったようだ。時は移り明治の文明開化を迎え、西洋式競馬も導入された。もっとも当初競馬は優秀な軍馬を作るための「馬匹改良」が目的であったとされ、馬券収入で国家財政に寄与するようになったのは戦後のことである。しかし今でも競馬開催の建前は「畜産の振興」になっているはずだ。

僕は、牝馬同士のレース「オークス」(正式名は優駿牝馬)にもあまり良い思い出はない。ある時期の僕の馬券作戦は、桜花賞では距離不足で負けた馬や、桜花賞には目もくれず1800m、2000mのレースを使ってくる「長距離適正のある馬」に狙いをつけて、そこそこの馬券成績を残していたのだが、最近は桜花賞で活躍した馬もオークスで良い成績を上げるようになって、僕の馬券は空振りが多くなってしまったのだ。

しかし、得意ではなくとも、レースが近づいてくれば賭けないわけにはいかない。で、今年のオークスの予想をしてみよう。桜花賞馬のアーモンドアイは父が短距離血統なので3着はあるかもしれないが、勝ち負けは無理だろう。ラッキーライラックは騎手の石橋脩の技量にやや疑問がある。本命はサトノワルキューレ、対抗はリリーノーブルだ。この2頭の馬連・ワイドで勝負してみる。また今あげた4頭の三連複ボックスも勝って保険にする。結果は、予想外れ。しかし保険の三連複が当たったので少し儲かった。

※

「薫風の候」という。手紙の冒頭に記す季節の言葉である。また薫風は季語でもある。木の芽が一斉に吹き出し、あっという間に若葉に変わる。その若葉の香りを乗せて吹く風が薫風である。5月、6月の東京競馬はそんな爽やかな薫風の季節に行われる。競馬場は欅に囲まれているといっても過言ではないほど欅が多い。その欅の若葉の香りが競馬場全体を包んでいるように思う。

25年ほど前に府中市に6年間住んでいた。競馬場へは徒歩15分ほどの集合住宅で、自転車を飛ばすと5分ほどで競馬場の入口に着くような距離だった。仕事は忙しかったが、休みを取れる日には、まだ小さかった子供たちを連れて、4コーナーよりの芝生の広場に行き、勝手に遊ばせておいて、僕は馬券に集中するのが常であった。

子供たちには、骨付鶏もも肉唐揚という、結構ボリュームのある食べ物を与えておくと1時間ぐらいは放っておいても大丈夫だった。帰りには柔らかな餅に大根おろしと醤油を絡めた辛味餅を愛妻君への土産にした。そんなワンパターンの娯楽をこの季節は何度も繰り返したものである。

いま思い返すと、平凡な日常の繰り返しだったが、家族としては最も幸せな時間であったように思う。子供たちも中学、高校へ行くようになると、鶏のもも肉で誘っても競馬場には見向きもしなくなったのだ。そのころ府中から杉並区に引っ越しをしたが、僕は土日になると府中に出向くことが多かった。黙って座るといつものように頭髪を整えてくれる馴染みの床屋や、黙って座ると好みのおつまみを出してくれる馴染みの寿司屋などは捨てがたいのだ。と理由をつけては出かけたものだ。

さらに幾星霜。現在は愛妻君の実家の群馬県に住んでいるが、五月になると東京に行く用事はないかとそわそわするのが常になっている。幸い八王子の奥の高尾に亡父の墓があるので、墓掃除にかこつけて府中の東京競馬場に駆け付けるというのが一番多いパターンである。当然愛妻君には不興をかこつことになる。「府中には二本脚の牝馬がいるんじゃないですか」とかいって快く送り出してはくれない。

それはともかく、どうしてこの季節、かくも東京競馬場に惹かれるのだろうか。単なる馬券買いならインターネットで済むではないか、としばし考えてみた。そうか薫風の候のこの季節は別名「木の芽どき」。情緒や精神が不安定になるらしい。どうやら僕は五月になると条件反射的に東京競馬場に行きたくなる病気にかかっているらしい。

薫風に肉類張りて子の笑顔

二〇一八年五月二七日　日本ダービー

とても可愛いミスターシービー

ダービーである。しかしダービーがイギリス貴族のダービー卿が始めたレースで、即ち貴族の称号だとは、一般の人々はあまり知らないと思う。しかし「ダービー」が競馬のレースであることは多くの人が知っている。ダービーと名がつくレースは世界中で行われており、アメリカではケンタッキーダービーが有名だ。日本では日本ダービーである。正式には東京優駿競走というのだが、そちらの名はあまり知られていない。

ダービーは中央競馬のみでなく、地方競馬でもそれぞれのダービーがある。高知ダービーとか、兵庫ダービーといった具合である。競馬のみでなく競艇ダービー、競輪ダービーなど公営競技にもそれぞれのダービーがある。また競争するものをダービーに例えたりもする。自民党の総裁争いをマスコミでは時に総裁ダービーと呼んだりもした。そういえばクイズダービーというテレビ番組も昔あったね。

甲子園大会といえば高校球児の野球大会だが、「俳句甲子園」なんてものもある。これは愛媛県松山市で開催される高校生俳句の全国大会であるが、「甲子園」という名称は高校生が全国規模で競うという意味で名づけられていると思う。何々ダービーもそんな一般的な「競争して順位を争う」といった意味合いで使われることがある。あるかどうか知らないが「ラーメンダービー」や「ご当地グルメダービー」なども知る人ぞ知る、どこかで開催されているかもしれないね。

ダービーは競馬の祭典といわれる。日本では特にお祭り騒ぎはないのだが、アメリカのケンタッキーダービーは違う。レースはチャーチルダウンズ競馬場で行われるのだが、開催地ルイビルではお祭り騒ぎになるらしい。カクテルのミント・ジュレップにケンタッキーダービーのオフィシャルドリンクである。レシピはバーボンウイスキーをソーダ水で割り、ガムシロップを少々入れて甘くし、ミントを飾るという比較的単純なものだ。

競馬開催ウイークは、誰もが1リットルは入る大きなグラスやジョッキでこのミント・ジュレップをがぶ飲みするという。僕も一生に一度は現地に行ってミント・ジュレップを飲んでみたいのだが夢はまだかなわない。せめては行きつけのバーでミント・ジュレップを作ってもらい、アメリカ人ほどではないがガブリと飲んで、ダービーに思いをはせるのがこの季節の楽しみである。

僕は酒飲みの上、競馬好きなのでバーボンはブラントンと決めている。ケンタッキーの老舗の蒸留所で作られ、ボトルには1本ごとに樽の番号が記されている。一つの樽からボトルに詰めるので、シングルバレルという。ボトルのキャップにはジョッキーを乗せた競走馬があしらわれており、形も歩いている姿、疾走している姿などいくつか異なっているのだ。キャップにはブラントンのアルファベットもどれか一文字刻まれており、BLANTONSの7種類を全部そろえるには何本も飲み干さなければならない。

※

僕の思い出に残っている日本ダービー馬の筆頭はミスターシービーだ。ミスターシービーは父が天馬といわれたトウショウボーイ、母が重賞3勝と活躍をしたシービークインである。面白いことに、トウショウボーイとシービークインは同じ新馬戦でデビューしていたのだ。もちろんトウショウボーイが勝ったのだが、そんな幼馴染が成人して巡り合い、結婚してミスターシービーが産まれたと思うと、ほほえましいではないか。

またミスターシービーは群馬県ゆかりの馬である。母のシービークインともども群馬県の馬主さんが、片品村丸沼の千明牧場で育てた馬なのだ。僕は現在群馬県に住んでいるし、愛妻君も二人の息子も群馬県生まれなのだ。だからミスターシービーにはデビュー当初から思い入れが深く、応援に力が入るのは当然だったのだ。ちなみにシービーとは千明牧場の「ちぎら」と「ぼくじょう」の最初の字をアルファベットにしたものだ。NHKマイルの項で話題にしたDAIGO流の省略法をしていた人が、昭和の初期の群馬にもいたんだね。日本人の言語表現力は昔からすごい。

ミスターシービーはどきどきはらはらするレースが多かったが、シンザン以来の三冠馬に輝いた。次年は秋の天皇賞に優勝したが、その後は足を悪くすることなどもあり、1世代下にシンボリルドルフという超優等生の三冠馬が出現したので、世間的にはミスターシービーの影は薄くなった。翌年の春の天皇賞5着を最後に引退したのだが、僕にとっては今でも可愛い可愛いミスターシービーのままである。

さて、今年のダービーの予想をしてみたい。大混戦の模様を呈している。4戦無敗のダノンプレミアムは皐月賞の回避が痛い。皐月賞馬のエポカドーロは今年5戦目であり、ちょっと使いすぎだ。皐月賞組は上がり目がカギになるが、青葉賞勝ち馬ゴーフォーザサミット、毎日杯勝ち馬ブラストワンピースの別路線組が魅力的だ。どうにも迷ってしまう。

そこで混戦を解く鍵として、今回僕はある式を作ってみた。「ダービーが今年の3戦目で皐月賞を使っており着順は一桁、勝ち鞍は3勝以上」という条件である。当てはまるのは⑮ステルヴィオ、⑯ジェネラーレウーノ、⑰ワグネリアンの外枠3頭だ。これに皐月賞馬⑫エポカドーロに敬意を表して加え、4頭の馬連ボックスとワイドボックスを買ってみたい。……で、結果は⑰→⑫で決まって大当たり。夜は寿司屋で祝杯を挙げた。勝利の美酒は美味いなあ。

ダービーにかこつけて飲むバーボンか

二〇一八年六月三日　安田記念

人々の生きている証か記念日は

安田記念は春のマイル王を決める最大のレースである。秋にもマイルチャンピオンシップというマイルのG1レースがあるのだが、競馬ファンの認識としては安田記念を勝った馬の方が「格が上」なのだ。秋は京都で行われるのだが、コースの特徴として直線コースに坂がなく平坦であることだ。安田記念は東京コースで行われるので、直線が長くて途中に急坂がある。つまりスピードだけでは克服できない。地力というかスタミナ面も優秀でなければ最後のふんばりが効かないのである。

歴代の安田記念優勝馬を見ると名馬が多い。中でも思い出深い馬はアグネスデジタルである。最初は地方競馬交流重賞で活躍しているので、「ダートの短距離馬」という感じを持っていた。血統もアメリカの短距離・ダートが得意というミスプロ系だったしね。

ところが13番人気でマイルチャンピオンシップを勝ったので、おやこれは変な馬だぞ、これからは要チェックだね、と注目したものだ。馬券も毎レースごとに買うわけではなかったけれど、テイエムオペラオーを負かした天皇賞と翌年の安田記念の単勝馬券と連勝馬券を的中させたので、僕にとっては「いい馬」の分類に入っている。結局、引退してから総合評価をしてみると、芝ダートを問わず、距離も融通が効き、地方競馬、国内競馬、海外競馬とムラもあるが総じてオールマイティーの活躍をしている稀有な馬なのだ。でもあまりファンがいないのが残念である。

安田記念は珍しく馬券の相性が良いレースである。アグネスデジタル以降もツルマルボーイ、ダイワメジャー、ウオッカ、リアルインパクト、ジャスタウェイ、モーリス、ロゴタイプの馬券を当てている。リアルインパクトなど3歳馬だったので軽視されていたが、まだ公営競馬の騎手だった戸崎圭太の腕に期待して、単勝で勝負をしたのだった。競馬はシンプルに単勝馬券を当てるのが僕の馬券道なのだ。もちろん配当に目がくらみ3連単も勝ったりするのだが、基本は単勝馬券で勝負だね。今年も何か当たりそうな気がして、レースが待ち遠しい。

一番人気のスワーヴリチャードは宝塚記念に向かうと思っていたが、ここに出てきた。勝っても負けても宝塚記念でもうひと稼ぎという態勢だ。そんなにG1は甘くはないと思う。しかもマイル戦は初めてというのが引っかかる。牝馬は一切無視して実績のある牡馬の中から単勝馬券を狙いたい。狙うのは②サトノアレス。単勝と保険の複勝で勝負したい。……結果はルメール1着、牝馬が2着、スワーヴ3着。サトノアレスは4着と完敗でした。

※

安田記念レースの安田とは、日本中央競馬会の初代理事長の安田伊佐衛門から来ており、レースは彼を記念して創設されたものである。ほかに人名がついた記念レースは二代目理事長の有馬頼寧(よりやす)由来の有馬記念がある。記念レースの大概は競馬場を開設した記念でその土地の名称がついている。札幌記念、函館記念、中山記念、宝塚記念などだ。ただ何故か東京競馬場だけには東京記念というレースはない。

名馬の名を冠した記念レースもある。シンザン記念、セントライト記念だ。トキノミノル記念は共同通信杯の副称となっている。シンザンとセントライトは三冠馬、トキノミノルは10戦無敗でダービーを制したのち、破傷風で急死したので「幻の馬」と呼ばれた。無事であれば三冠は確実だったのであろう。もし新しく記念レースが生まれるとすると、いったいどんな名称になるのか興味深いね。

古今東西人間はいろいろなことを記念してきた。大きなものは国家の独立記念、建国記念である。たいていの会社や学校には創業記念日、創立記念日があり、大土木工事や大建築物には必ず竣工の記念碑が建てられる。大きな業績を成し遂げた偉人も、生誕記念や、没後記念の催しや事業が行われている。小説や戯曲で人気のあった作家の亡くなった日は、何々忌といってその人となりや作品が偲ばれるがこれも一種の記念日行事かなと思う。音楽家にはよく生誕何年、没後何年の記念コンサートが開かれる。いずれにしても歴史や文化に名を成し、その作品が今でも慕われていることがわかる。

僕たち庶民の記念日は、まず誕生日だね。特に二十歳の誕生日は成人となった節目のお祝い日となる。

これはまず平等におとずれるものだ。僕が憶えている家族の誕生日は父と母、姉、妻、子供たちである。残念ながら祖父母の誕生日は憶えていない。他人に聞いてみると「大概そんなものだよ」と言われるので、この程度が一般的なのだろう。

誕生日はこの世に生まれてきた記念日なので、親しい間柄では互いに祝福するのが常なのだ。時に忘れることもあるのだが、まずひんしゅくを買うことは間違いない。僕は特に愛妻君の誕生日と結婚記念日は忘れないように気をつかっている。今の時代スマホがあるので、前もって注意をするようにセットしておくのだが、たまたま消音にしていたり、寝ぼけて操作して消してしまったりもするので、記念日が近づいたら何度か予行演習をするに越したことはない。

30年ほど前に『サラダ記念日』という歌集がベストセラーになった。ぼくも身近な出来事を記念日にして愛妻君に披露してみたいが、馬券がらみの記念日では馬鹿にされるだろうなあ。

記念日を忘れるバツの悪さかな

二〇一八年六月一〇日　エプソムカップ

思いは遥かにスコットランド

上州の詩人萩原朔太郎の詩で替えうたを作ってみた。「エプソムに行きたしと思えども、エプソムはあまりに遠し、せめては新しき背広を着て、府中の競馬場へ出でてみん、そよ風が芝草を揺らすとき、われ一人うれしきことを思わん……」詩心がないというか、文才がないというかは自分でも承知している。しかし、競馬発祥の地イギリスのエプソムには一度は行ってみたいところ。昔から「エプソムには行きたしと思えども……」は僕の口癖でもあるのだ。

実は、もし英国旅行ができるなら、エプソム以上に行ってみたい地域がある。それはスコットランドだ。スコットランドはスコッチの本場である。スペイサイドとかアイラ島などを訪ね、本場のスコッチをその地で味わいたいというのが、僕の長年の夢である。日本でもスコッチは味わえるじゃないかといわれるが、その地の空気と一緒に味わうのがスコッチのみならず、食べ物でも正しい味わい方だと思うのだ。

実は本場のスコッチはほとんど日本に輸入されており、日本で飲めないものはないといっても過言ではない状況なのだ。十五年以上も前のことだが、愛妻君と息子たちが英国旅行に行った。僕の土産にスコッチをと思い、酒屋を訪ね「日本にないスコッチが欲しい」と言ったら、酒屋の主人は「日本に輸出していないものはないけれど、これはどうかなあ」と言って出したのがアイラ島の有名なスコッチ、ボウモアであった。ボウモアなら日本でもモルトファンに人気の銘柄なのだが、彼の出してきたのは樽からそのまま瓶詰したもの、いわゆる「カスク」というものだった。度数は57度。

これが美味いのなんのって、2日でなくなってしまった。今ではそのボウモア・カスクも日本で売っており、ちょっとつまらない。実はボウモアもマッカランも日本のS社が買収しており、それもちょっと気に入らないのだ。スコッチのもつ異国情緒への憧れが大きくそがれた感じというのが正直な感想だね。

いま僕は幸せである。それは本場のスコッチが日本で飲めるからである。もちろん本場で飲むに越したことはないのだが、贅沢はほどほどにして、いま現在を楽しみたいと思う。思えば昔の国産ウイスキーは品質が悪かった。でも選択肢がなくそれを喜んで飲まざるを得なかったのだ。ジョニ赤、ジョニ黒、オールドパーなどといわれたのが高級スコッチで、あんなものいつになったら飲めるのかと、ずいぶん羨んだものだ。

それがいつの間にか、1ドル360円が250円になり150円になり、スコッチの輸入価格が下がり、また自分の収入も増えていくと、飲む銘柄もだんだん国産の安ウイスキーからスコッチウイスキーに変化していったのである。国産ウイスキーの品質の悪さに辟易してこともあり、今では国産ウイスキーは飲むことがない。現在の国産高級ウイスキーの評判が良いことは知っているが、若い時に随分騙された記憶が残っており、積極的に手は出さない。

僕が若いころ勤めていた会社の社長はケチで、そのお義母さんがお亡くなりになった時に遺品の整理に社員が駆り出された。日曜日に丸一日働いて日当は幾らくれるのかと期待したのが間違いで、S社の「古」という「高級」といわれたウイスキーを1本くれただけだった。そのウイスキーもお義母さんが20年以上も押し入れにしまっていた貰い物であり、飲もうとしたら変な味がして飲めなかった。黒いボトルを明りに透かしてみたら瓶の底に澱が2センチほどあり、白いボウルに注いだら、やや白濁した茶色の液体が出てきたのだ。スコッチにはあり得ないことだった。そんな経験をしてきた僕は、いまとても幸せな飲酒生活を送っている。まがい物でない本物のスコッチを楽しんでいるからである。

※

さて、エプソムカップの予想である。基本的には安田記念にも宝塚記念にも出られない二流のオープン馬の中距離レースである。その時の調子の良さを見極めるのが馬券攻略のポイントだが、それが難しいのだ。十年以上も前のことだが、トップガンジョーという馬が勝った。この馬の馬主さんは函館の人で僕の知り合いでもある。こういう知り合いの馬は、予想などせずに無条件で目をつぶって馬券を買うことができるのが良い。その時は単勝、複勝、連勝とズバリ大当たり。配当もそこそこついたのでとても良い思い出になっている。

今年のメンバーを見ると、やはり直近のレースで好成績を上げている馬の人気が高いようだ。まあ、当たり前の話であるが、その通りの結果にならないことも多々あるので、予想が楽しいのだ。そこでJRAのホームページのデータ分析を活用して馬券予想をしてみたい。

条件は以下の通り。オープンクラスで連対、4歳馬、前走は重賞で上位人気、中3週以上のレース間隔。これに当てはまる馬はいないので、重賞をオープン特別に格を落としてみると、⑩ダイワキャグニーと⑯サトノアーサーの2頭になる。これは1番人気と2番人気の馬なので当たり前の結果になった。データ予想の弱点は必ず人気馬に収れんするということだね。

馬券はこの人気2頭の組み合わせ⑩-⑫の馬連と、この2頭を軸にした3連単マルチを買ってみる。相手は3番人気～5番人気の③⑤⑥で組み合わせは18通りだ。

結果は書くのも恥ずかしい⑩の大負け。人気馬に頼るとは僕もまだまだ未熟だなあ。

スコッチに酔いしれ夢は草原に

二〇一八年六月一七日　ユニコーンステークス

角突合せパワー勝負のダート戦

ユニコーンステークスは3歳ダートのG3戦で、東京競馬場ダート1600mで行われる。アメリカなどはダート戦が主流であり、国際的にも日本のダート路線を整備する機運が盛り上がり、このレースも開催の場所と距離をいくつか変遷して、ようやく今の位置に落ち着いたところである。現在は7月に公営の大井競馬場で行われる、G1レースのジャパンダートダービーの前哨戦の趣がある。

しかし、過去の優勝馬を見ると、後にダートG1を勝つような馬がぞろぞろいて、将来のダート戦に備えて、見ておかなければならないレースといえる。近年でもベストウォーリア、ノンコノユメ、ゴールドドリーム、サンライズノヴァなどダート戦線で大活躍した馬たちがいる。

ここに至るまで3歳のダートオープン特別はヒヤシンスステークス、昇竜ステークス、伏竜ステークス、端午ステークス、青竜ステークス、鳳雛ステークスと場所と距離を変えて、このレースに臨むようになっている。レースの名前だが命名の由来は分からないが、伏竜ステークスと鳳雛ステークスに『三国志』の孔明と龐統をイメージするのは僕だけだろうか。三国志では孔明は臥龍と呼ばれ、龐統は鳳雛と呼ばれたからだ。まあ伏竜も鳳雛も「将来大物になる少年」という意味なので、昇竜も端午も青竜も同様の意味があるのだと思う。ただヒヤシンスステークスの名称だけが他のレース名と統一感がないのが気になるね。

それはともかく、このレースを使ってジャパンダートダービーに出走し、良い成績を収めた馬は、秋から冬のダート路線の活躍が楽しみになる。地方交流のG1レース岩手競馬の南部杯、今回は京都で行われるJBCシリーズに中京競馬のチャンピオンズカップ、大井競馬の東京大賞典、来年東京競馬場で行われるフェブラリーステークスが彼らの目標のレースである。

僕はダートレースが大好きである。競馬ファンの中には、ダートレースは芝のレースのように鮮やかな追い込みが決まることが少なく、先行して流れ込む競馬が多いのでダイナミックさに欠ける、という人もいる。しかし、追っても追ってもじりじりとしか差が詰まらないレースも、パワーという視点から見ると、なんと力強く迫力満点のレースであろうかと思うのだ。

芝のレースで切れる脚がなくじりじりしか伸びない馬は「ダート向き」と判断され、ダートのレースに新天地を求めてくることが多い。だから格が落ちたと思われるのだが、実はダート戦なら芝の重賞勝ち馬ですら負かすことができる馬もいると思うのであるが、まだ証明されていない。

今年のユニコーンステークスは16頭立て。好メンバーが揃った。ここは人気でもデムーロの⑭ルヴァンスレーヴを中心に考えて馬連流しで勝負する。相手は⑤ルメールのグレートタイムが本線、⑦グリム、

⑧ハーベストムーンは前哨戦の勝利を評価したい。そして⑮ダンケシェーンを穴で追加する。また3倍つけば⑭の単勝も追加したい。

さて、結果といえばルヴァンスレーヴの快勝で、グレートタイムが鼻差でも2着を確保した。配当は740円と地味だったが、まずまずの勝利といえるだろう。

※

ところでユニコーンといえば、ヨーロッパでは古くから知られた想像上の生き物である。馬のような動物で頭に長い角が一本生えている。別名一角獣と呼び、想像上の生き物であるのだが、その角は毒消しの効果があるといわれ、魚の一種で長い角のような牙を持つイッカクが乱獲されたとの記録がある。イッカクの牙がユニコーンの角に似ているので、それを高値で売るいかさま師がいたのだそうだ。

日本で角の生えた動物といえばまず思い出すのは鹿であり、日本カモシカである。虫ならカブト虫だね。また想像上のものは鬼であろう。鬼は地獄で亡者たちをいたぶったりする恐ろしい者であり、人々に悪さをするのでしばしば鬼退治の対象になっている。「悪いごはいねがー」と家々を訪れる秋田のなまはげは、鬼の形相をしているが、実は怠け心を戒め、豊作をもたらす神だという。実際は鬼にしか見えないのだけれどね。それと女の人にも角があるようだ。結婚式の時に頭に被るしろい布を「角隠し」というのは、女性が怒ると鋭い角の般若になるというからかしら。

ずいぶん昔の歌でうろ覚えなのだが、『うちの女房にゃ髭がある』という歌が流行った。確か「フーテンの寅さん」の渥美清が歌っていた記憶がある。恐妻家、つまり奥さんを怖がる夫の歌なのだが、僕は恐妻家とまではいかないが、奥さんが財布を握っている家庭は、旦那さんが家庭経済を握っている家庭より円満なのではないかと思っている。

給料を丸ごと全部渡して、その中から毎月小遣いをもらっている亭主を馬鹿にする向きもあるが、僕はその方が平和だと思うのだ。男はついつい自分の趣味に走ったり、仕事に夢中で子どもや奥さんに細かく気を使えないような気がするのだ。コントロールするよりされている方が楽だともいえる。

あくまで一般論なので、捉え方は個々別々だと思うのだが、僕は愛妻君に家庭経済を任していたので、その方がうまくいくのだと思っている。小遣いが足りないときはどうするのかって、そりゃあ馬券を当てて増やすという離れ業があるからね。これは冗談です。まあ、馬券は貯金しているようなものだが、自由におろせないし、徐々に元金が減ってくるのが難なんではあるけどね。

勝ち馬券束の間夢の時間かな

二〇一八年六月二四日　宝塚記念

緑の芝生も芝居の舞台か宝塚

夏のグランプリ・レースといわれるのが宝塚記念。冬のグランプリ・レースは有馬記念である。両レースとも一般ファンの人気投票上位10頭の馬に優先出走権が与えられる。だから競馬ファンの中には人気投票のことを「グランプリ」と思っている人もいるようだが、グランプリとは一般には芸術・文化・スポーツなどの最高位に与えられる賞の意味である。

宝塚記念は中央競馬上半期の締めくくりレースである。春の総決算ということだね。このレースから約二カ月は「夏競馬」といって、札幌、函館、新潟、中京、小倉といった地方の競馬場で行われる。中央場所とは関東の中山競馬、東京競馬、関西の京都競馬、阪神競馬である。文字通り中央場所の競馬場は規模が大きく、地方の競馬場は規模が小さい。

宝塚記念が行われるのは阪神競馬場。兵庫県宝塚市にあるので宝塚記念と名付けられている。宝塚といえば全国的に知られているのが宝塚歌劇団である。中学校を卒業した乙女たちが厳しい試験を経て音楽学校に入学し、予科、本科各一年を経て宝塚歌劇団に入団するのである。

華やかなイメージがある歌劇団だが、音楽学校は「士官学校」ともいわれるほど厳しい指導による寮生活の二年間だという。私語禁止はもちろん音の出るものを持つことも禁止。靴や服装から髪型、歩き方まで決まりがあり、阪急電車は必ず最後尾に乗るなど、一般人には理解不能な決まり事もたくさんあるという。ところで音楽学校の生徒の正式な身分は阪急電鉄の正社員なんだって聞いた時には驚いたなあ。

宝塚歌劇団は女性だけで男役と娘役に分かれて公演をするのだが、美少年ばかり集めた劇団もある。スタジオライフというのがその名称「耽美派美少年劇団」と銘打って活動している。僕は招待券をもらったので後学のために観劇したのだが、観客は圧倒的に若い女性たちだった。演目は萩尾望都の『トーマの心臓』。男子学生寮の愛憎と友情の物語だったと記憶している。

歌舞伎はもともと男だけで演じられており、明治の時代に女優も参加した新派という劇団が誕生した。これは歌舞伎の「旧派」に対する「新派」なのだが、現代では『金色夜叉』や『婦系図』、『不如帰』など古臭い作品を公演している集団と思われているのが皮肉だね。

演劇というと、まず文学座とか前進座とか民藝とかが正統派のイメージがある。僕の学生の頃はアングラ劇団というジャンルが流行った。唐十郎の状況劇場、寺山修司の天井桟敷などが有名だ。僕の友達も劇団・摩可摩可というところで活動していて、よく切符を買わされたので見に行ったものだ。どんな舞台でも銀粉蝶という女優さんが中心だったが、この人は今でもテレビドラマや映画で活躍している。

いまではお婆さん役が多いのだが息長く活躍できているのは偉いものである。

現代では演劇も幅広く、泥臭い大衆演劇、帝劇や明治座での有名歌手や俳優が中心の座長芝居、劇団四季のようなミュージカル、外国から招へいした世界的オペラ、文楽や歌舞伎のような古典演劇からバーチャルリアリティーや3D効果を駆使したものなどあまりにも多種多様である。ここに映画やテレビのドラマなどが加わり、百花繚乱という言葉がふさわしい日本の演劇・娯楽状況である。他人に「趣味は演劇鑑賞です」といっても、さらに詳細を述べないと理解してもらえないだろうなあ。演劇を観賞する人の男女差は、圧倒的に女性が多い。競馬も筋書きのないドラマといえばいえるので、僕の趣味も「ドラマ観賞です」といえば少しは上品に聞こえるかもしれないね。でもこのドラマの観客は圧倒的に男性が多い。

※

さて、今年の宝塚記念だが、大阪杯の勝ち馬で安田記念3着のスワーヴリチャード、天皇賞の勝ち馬レインボーライン、同2着のシュヴァルグランが出場しない。特にスワーヴリチャードの安田記念出走は目先の欲に目がくらんでしまい、大局を掴めなかった失敗と僕は観ている。もし安田記念を使わずにここに出てきていたら楽勝だっただろうなあと思う。また安田記念で負けたから、宝塚でもひと稼ぎしようと思ったのなら、絶好のカモだったのにと、思いは複雑だ。まあ、秋の天皇賞をきっちり勝ってくれるでしょう。

登場する役者の数は少なくなったが、大物・サトノダイヤモンドがきっちり復活してくれるだろうと世間では思っているだろう。しかし、以前の無敵の快進撃を続けたころの出来には戻っていないとの新聞報道がある。しかし、役者としては一枚上なので買わないわけにはいかないだろう。どう買うかそれが問題だろう。

幸いサトノダイヤモンドと同枠に天皇賞で最先着のミッキーロケットが入っている。ならば、枠連で勝負だね。4枠には堅実なパフォーマプロミスと武豊のダンビュライト、5枠にはサトノクラウンとヴィブロス、8枠にはキセキが入っている。枠連の2-2、2-4、2-5、2-8の4点と④ミッキーロケットの単勝と複勝が勝負馬券になる。

結果は④ミッキーロケットが1着で、やはり天皇賞の最先着馬が強かったという結果になった。馬券は少し儲かったので、まずまずといったところだ。サトノダイヤモンドも4角2番手に上がって見せ場を作ったがそこまで。やはり凱旋門賞でぼろ負けした後遺症が残っているようだ。これでは秋のG1戦線でも取捨に悩まされそうだ。また香港馬のワーザーには脱帽だ。マイナス27キロという、自身最低の馬体重での追い込みだった。一流馬には敬意を払わないといけないね。

二〇一八年七月一日　ラジオＮＩＫＫＥＩ賞

競馬史上最強馬かマルゼンスキー

いよいよ夏のローカル競馬が始まる。福島、函館、札幌、新潟、小倉が9月初めまでの戦いの場になる。ダービーや天皇賞で上位争いをする馬たちは、秋に備えて休養をとるので、ローカル競馬は「鬼のいぬ間の洗濯」といった趣がある。しかしローカルにはそれなりのおもしろさもある。2歳馬のデビューがその一つだろう。子育てを経験した僕から見れば、新馬戦は幼稚園の駆けっこのようで、それはそれで面白い。しかし来年のダービーを勝つような馬は、まずローカル競馬でデビューすることはない。大物は秋の中央場所の新馬戦を使うのが常識だからだ。

さてラジオＮＩＫＫＥＩ賞であるが、ダービーが終わってほぼ一カ月、福島競馬場の１８００ｍで行われる3歳馬のハンデ戦としてすっかり定着しているレースである。ダービーに出られなかった馬、ダービーに出たけれど健闘むなしく敗れた馬たちの戦いの場でもある。昔はレース名も日本短波賞で、別名「残念ダービー」などといわれたこともあるが、いまはどうだろうか。日本短波賞は開催場所も福島でなく中山競馬場だった。

日本短波賞時代の思い出になるのだが、一九七七年の夏のレースが今でも思い出深い。勝った馬はマルゼンスキーだ。父が世紀の名馬といわれたニジンスキーで、母シルの胎内にいる間に日本に輸入された「持ち込み馬」である。当時持ち込み馬は日本生まれでも外国産馬扱いで、五大クラシックレースと春秋の天皇賞には出られなかった。

マルゼンスキーは名もない一般レースで何回か勝ち、暮れの中山競馬の朝日杯3歳ステークス、現在のG1レース朝日杯FSに出場した。2着のヒシスピードにつけた差は大差、おそらく2秒以上はあっただろう。年が明けても出られるレースは名もないオープン戦ぐらいで、それもマルゼンスキーが出るとなると、タイムオーバー（1着馬と余り離されると再調教となりしばらくレースに出られない）を恐れた陣営が回避したりしてレース自体が成立しなかったこともある。

ダービーが近くなると、マルゼンスキーの主戦騎手・中野渡は「賞金もいらないから、大外でいいからダービーに出たい」と言ったという。マルゼンスキーの本当の力を見てみたかったのである。ＪＲＡの広報誌『優駿』誌上でも識者が「マルゼンスキーダービー出場の是非」を論争したが、規則は曲げられることはなかった。そしてようやくマルゼンスキーが出走できたレース、それが「残念ダービー」の日本短波賞だったのである。

僕はこのレースを一生忘れることができないだろう。マルゼンスキーは軽快に逃げていたが3コーナーで走るのをやめてしまったのだ。後で中野渡騎手が述懐するには、返し馬の際3コーナーで止めたのでそれを憶えていたのだろう、とのことだった。それにしても後続に並ばれたマルゼンスキーは騎手の叱咤激励に応えてそこからスパートし、7馬身の差をつけて優勝したのである。2着のプレストウコウはすでにNHK杯を勝っている重賞ウイナーであり、秋にはセントライト記念、京都新聞杯を連勝し、菊花賞ではレコード勝ちをした「名馬」だったのが、マルゼンスキーの凄さを物語っている。彼はその後脚を悪くし有馬記念を前に引退してしまったが、今でも「史上最強馬は誰か?」と思う時、僕の5本の指に必ずマルゼンスキーは入るのである。

※

福島には叔父夫妻が住んでいる。今は施設暮らしだが、現役で勤めている時には何度か自宅に遊びに行ったものだ。叔父というものは甥や姪がどうにも可愛いらしく、何かと誘ってくるのである。曰く「プールに行こう、泳ぎを教えてやる」、また曰く「スキーに行こう、滑り方を教えてやる」といった具合である。ところが水泳もスキーも僕の方がやや上手だったりするので、どうやって下手くそを演じるのか苦労した思い出がある。

僕の2人の息子も、愛妻君の今は亡き弟君に文化祭、体育祭などのたびにあれこれしゃしゃり出てこられやや迷惑気味だったようだ。新潟の湯沢にスキーに連れていってもらったこともあるのは、僕の経験とダブって微笑ましい思い出となっている。もちろん僕の思い出である。

福島、中でも会津といえば戊辰戦争では薩長軍に散々な目に逢わされ、明治時代は賊軍の汚名のもと、薩長政府に疎んじられた歴史を持つ。当然今でも会津地方の人々にとって「山口県の人との縁談」は「あり得ない」ことである。文明開化など日本の近代化に大きく貢献した薩長政府だが、山形有朋の作った軍隊が無謀な戦争を推し進め、結果的に日本を滅ぼした。しかし戦後も長州出身の総理大臣が多いところを見ると、まだわが国は薩長のくびきから抜け出られないのではないかと思ったりするのだが、どうだろうか。

ところで、警察官のことをヤンキーたちが「マッポ」というのは、明治時代の警察官は薩摩出身者を多く登用したので、庶民が「薩摩っぽ」と言ったというのが語源である。そんな説があるがどうなのだろう。僕はその通りだと信じているのだが、いかがかな。

さて、競馬の予想をしてみたい。このレースには如実な傾向があり、実績馬より下級条件からの上り馬が狙いというものだ。とはいうものの特別勝ちの関西馬、3勝を挙げている②メイショウテッコンが狙いだ。②の単勝・複勝と馬連は③キューグレーダー、⑥フィエールマン、⑦キボウノダイチ、⑩イェッツトへの4点流しだ。

結果は、予想通り単複連と当たり、ほくほくの休日となった。

下手くそを演じる愛の深さかな

二〇一八年七月八日　七夕賞

天空の恋をかたどる大三角

夏のローカル競馬は強豪馬が休んでいるのでつまらない。秋競馬に向けて気持ちも一休みし、馬券資金を貯める季節、というのが昔の傾向だった。しかし、そうはさせじとJRAではサマーシリーズという番組を企画した。曰くサマースプリントシリーズ、サマー2000シリーズ、サマーマイルシリーズで、着順にポイントをつけて総合点を競うというものだ。本賞金のほかにボーナスがもらえるということで、出馬する意欲を高め、ひいては馬券の売り上げ増を目指そうという仕掛けである。

サマー2000シリーズを例にとると、七夕賞を皮切りに函館記念、小倉記念、札幌記念、新潟記念と芝・2000メートルのレースに出場し、一番多くのポイントを稼いだ馬に本賞金の他に5000万円のボーナスを出そうというものである。これは強豪馬のいない間に稼げると思うと、魅力的な金額ではないだろうか。

その第一弾が七夕賞である。福島競馬場の芝コース2000mで争われるハンデ戦だ。ハンデ戦はJ

RAのハンデキャッパーが馬の実力を鑑み、ゴールでは横一線になるように負担重量を決めるというものので、基本的にはどの馬が一着でも不思議はないことになっている。しかし、万全の態勢で手ぐすねを引いていた馬、調子を整えている途上の馬、ベテラン騎手の乗る馬、あまり勝ち星が稼げない騎手の馬などで、人気は割れることになるのが普通である。

さて、何を買っていいか迷っていると、競馬新聞のコラムにデータ予想があった。曰く「最近10年は牝馬が来ていない」のが傾向らしい。ひねくれものの僕としては、このデータを「そろそろ牝馬が来る番です」と裏解釈して牝馬から馬券を買ってみたい。今回牝馬は3頭出ている。まず2番のキンショーユキヒメに目を付けた。なんといっても七夕だし馬名に「姫」がついているではないか。ついでにもう一頭の牝馬を指名したい。10番のレイホーロマンスである。この馬の名前にも「ロマンス」と七夕を連想させる単語がついている。いいかげんだがこの2頭の単複と馬連・ワイドで勝負をしたい。……はい結果ですが6着と7着でした。

※

ところで七夕といえば天の川を挟んで織姫と彦星が一年に一度だけ会える日である。子供の頃に恋仲の二人がなぜ一年に一度しか会えないのか不思議だった。高校生の頃に調べたのが、織姫は天帝の娘で機織りしか興味がなく、年ごろになっても男性には見向きもしないため、心配した天帝が働き者の牽牛を紹介し、二人は仲良くなったとのことだ。しかし仲良くなりすぎて二人とも話し込むばかりで仕事をしなかった。それに怒った天帝は一年に一度しか逢わさないことにしたというものだ。

天帝は牛使いの男と自分の娘では身分が釣り合わないと思い直したという説もあるが、それにしても年に一度しか合わせないというのも残酷な気がするのは、現代的な見方なのだろうか。せめては月に一度合わせてやってほしいと思うのは、世俗にまみれた僕だけの考えかもしれない。

実際の星座でいうと織姫はベガ、彦星はアルタイルで白鳥座のデネブと線で結ぶと三角形をつくり、これを夏の大三角という。ともに一等星で大きく輝いているので見つけやすいとのことだが、僕はまだ好んで探したことはない。

少年の頃の僕は山岳部に入り、山登りに熱中していた。夏山は荷物を軽くするため大きなテントは持っていかず、四角い防水シートを屋根代わりに張り、ほとんど野宿の形で寝ていた。気温が高く、風もない夜はテントも張らずに草むらに寝転がって一晩を過ごしたものだ。満天の星空を眺めながら眠りに落ちるのだが、その時色々なことを考えた。

遥か彼方の宇宙には自分と同じような生物はいるのだろうかとか、何万年も前に誕生した人類の、自分の祖先から生命を受け継ぎながら、自分が今いることの不思議さとか、哲学的というほどでもないのだが、そんな宇宙の大自然と自分との関係を度々考えたものだ。

自分は自分で望んで生まれてきてはいない、しかしなにか大きな力でこの世に生かされていると感じたものだ。自分はこの山にいる熊でも狐でも蛇でもない生き物だが、もしかしたらそのような動物に生まれてきたかもしれないなあ、いや虫や蝶や魚に生まれてきたかもしれない。そしていま人間でいることの不思議さをしみじみと感じたものだ。そして自分という意識を持つ一個の生命体は、大宇宙が一つの生命体であるとしたら、その中の小さな小さな一つの細胞、分子なのかもしれないなあ、などと思った。

後年、息子の小学校の受験の時にアドバイスをしてくれた塾の先生に、宗教がバックボーンの学校を受験する際に、親の面接で試験管の先生から、「あなたの宗教と宗教観を話してください」と言われたらどう答えますか、という模擬面接を受けたことがある。その時前述の話をし「山奥で満天の星空を見ながら考えたことが僕の宗教観といえるかもしれません」と答えたら、「大満点の回答です。そんな回答をした人を私は今まで知りません。きっと受験は合格するでしょう」と言われた。幸いそんな面接を受けることもなく、息子は私立小学校に入学したのだが、この話はいまでも僕と愛妻君の間の思い出話であり、息子には特に話していない。隠しているわけではないのだが、照れくさいというのが正直なところだろうか。

二〇一八年七月一五日　函館記念

思い出カラフル函館万華鏡

港町は歌になりやすい。港は多くの人が行き交うターミナルだからだ。人々の夢も思いも人生の流れも港町に集まり、そしてそれぞれの旅に向かうのだ。函館はそんなロマンチックな港町の一つだ。横浜、神戸と並んで文明開化の開港地だったので、今でも明治期を偲ばせる洋風建築や教会が異国情緒を漂わせている。

大昔、まだ新婚気分だった僕と愛妻君は青森の牧場めぐりをし、その後青函連絡船で函館に向かった。夏の爽やかな風が流れるデッキは、函館港に入る様子をこの目で見ようという人々で賑わっていた。船が防波堤を越え港に入ると、どこからか『函館の女』の歌声が聞こえてきた。「は〜るばる来たぜ函館へ〜、さ〜かまく波を乗り越えて……」おなじみサブちゃんの大ヒット曲である。いやが上にも旅情がかき立てられる。

青函トンネルができ、北海道に新幹線が通るようになったが、僕は情緒豊かな連絡船が好きである。

石川さゆりの『津軽海峡冬景色』もなんと情緒のある歌であろうか。今度函館に行く時は必ず青函フェリーに乗るぞ、と心に決めている。

愛妻君との函館旅行は楽しかった。函館山のふもとに宿を取り、近くの教会や坂道を訪ね、通りすがりのレストランにふらりと入り食べた海老の味、函館山からの絶景の夜景、イカ釣り船の漁火、翌朝は港に上がったイカのソーメン造りを市場で食べる。思い出だね。

そして土曜日は競馬場だ。メインレースの名は忘れたがブルーアレッという馬で枠連⑧－⑧を特券(1000円)で当てた。50倍着いたので5万円の配当があったわけだ。夜は函館一の繁華街・松風町に繰り出し、寿司屋で思う存分飲み食いし、屋台の毛ガニを買って宿でほじって食べた味も忘れられない。ただ日曜日のメインレース函館記念では、本命のリキアイオーに儲けたお金を全部つぎ込みパーになってしまった。前夜に飲み食いしただけ儲けものだったのね。

冬の函館も天気さえよければ素晴らしい夜景を見ることができる。陽が徐々に沈み、少しずつ暗くなる薄暮が夜景の素晴らしさを演出する。本当に真っ暗になると光り輝く町はきれいだが、海と陸との境が見え、山々のかすかな輪郭が分かる程度の暗さが本当の夜景の美しさだと、景色を撮影していたプロのカメラマンに教わった。

十数年前の秋、老いた母親を連れて何度目かの函館を訪れた。タクシーでトラピスト修道院に向かう途中の小さな川のほとりで、運転手さんが車を止めた。外に出て下の川を見ろと言う。見ると鮭が群れを成して浅瀬を遡上しているではないか。初めて見る光景に感激した。

トラピスト修道院は中に入れない。僕たちは入口から中をうかがうのみである。修道院の中は祈りと労働の日々を送る修道士たちの世界であり、俗人は入ってはならないのである。修道士も生きては出られないという。俗人は、若い修道士たちは恋愛もグルメも知らずに可哀そうだというが、僕は信仰に一生を捧げる姿に感動を覚えるのだ。自分の心は到底彼らには及ばないと、一種の恥ずかしさもあるのだが。

タクシーの運手さんは修道院の近くの眺めの良い場所に僕たちを連れてゆき「奥様、旦那様ここの景色は……」と説明を始めた。僕は「運転手さん、あなたね、年老いた母親を連れて旅行している孝行息子、そんな風には見えないですか?」と言うと「大変失礼しました」と大恐縮していた。母親がとても嬉しそうだったので、僕は、運転手さんはわざと言ったのではないかと、今でも半分は疑っている。

※

さて競馬だが、函館記念の思い出といえばヤマブキオーだ。一九七〇年生まれ。わが群馬県のお隣、栃木県生まれの当時でも珍しい北関東の出身だったので、応援にも力が入った。パーソロンの仔で生涯20勝をあげ重賞をいくつも勝った。中でも函館記念では直前の巴賞を62キロで勝ったので、ハンデは63・5キロと極めて重く課せられた。現在でも60キロ背負うと「酷量」といわれるのだが、その酷量をものともせずに勝利したのだ。

テレビの実況中継でアナウンサーがゴール直前「ヤマブキオー頑張った、歯を食いしばって頑張った」と絶叫したが、歯を食いしばったのは馬券を買っていたファンも同じであった。斤量が重いとジリジリとしか伸びず、それこそ「頑張れ！、頑張れ！」と大きな声を出して応援したのだった。

ヤマブキオーは今でいうG１級の活躍はしなかったが、中距離のエキスパートとして名を馳せた。１８００mのオープン戦でハイセイコーとタケホープをまとめて負かしたように、自分の専門分野では圧倒的な強さを発揮したのである。

今年の出走メンバーを見渡すと、少し気になるのがハンデ頭の③サクラアンプルールや、前哨戦の巴賞の上位馬で勝ち馬以外の馬。前哨戦を勝つとそれ以上の上がり目が少ないので、負けた馬に注目したいのだ。巴賞組からは⑩ブレスジャーニー、ルメールの乗る⑦トリコーロールブルー、新潟大章典勝ち馬の⑤スズカデヴィアスを選びたい。この4頭の馬連ボックスで楽しみたい。

結果は7歳にして充実期を迎えた⑥エアアンセムが勝ち、③サクラアンプルールが2着で馬連55倍の大穴になった。うーん、枠連で勝っていたら当たっていたなあと、負け犬の遠吠えです。

競馬では人馬も歯牙をくいしばり

二〇一八年七月二二日　中京記念

海老フリャーもお城もあるでよー

中京地方とか中京圏というが、これは東京と京都の中間にある名古屋を中心とした大都市圏の呼び名である、とネットで検索すると出てくる。僕は北陸の田舎育ちだが思春期は京都市内で過ごし、大学生になってからは東京に長年住んでいた。また現在は愛妻君の実家がある群馬県太田市に住んでいるので、名古屋方面には詳しくない。

自分の知っている名古屋文化圏に属する単語を思いつくまま並べてみよう。名古屋コーチン、きしめん、味噌煮込みうどん、ういろう、八丁味噌、松坂牛、桑名の焼き蛤、伊良子の大あさり、ひつまぶし、てこね寿司、伊勢うどん、土手煮、あんこが付いてくるモーニングセット。これらは食べものだ。名古屋城と金の鯱鉾、１００m幅道路、テレビ塔。建造物はあまり思いつかない。

企業で思いつくのはトヨタ自動車のみ。自然と文化では伊勢神宮、志摩半島の真珠と牡蠣、日本ライン、犬山城、木曽川、長良川、揖斐川の三河川に、伊良子岬の『椰子の実の歌』。歴史と人物では織田信

長、木下藤吉郎、蜂須賀小六、斉藤道三、桶狭間の戦い。

スポーツではスケートの伊藤みどり、浅田真央も名古屋が拠点だったし、レスリングでも有名だ。それに何といってもイチローが中京圏の大ヒーローだね。亡くなった星野仙一さんも中日ドラゴンズの出身だった。文化人やタレントさん、俳優さんなどは残念ながら思い出せない。そうそう、陶磁器の代名詞となっている瀬戸物の瀬戸焼き、急須の定番である常滑焼も名古屋圏の文化である。岐阜の美濃焼も加えてもいいだろう。

そういえば名古屋弁もある意味で有名だ。全国区は「海老フリャー」だろう。これはもちろん海老フライのことだ。また僕の知人の名古屋人は、東京の地名の千駄ヶ谷を「千駄ヶ谷だがやー」と言って自嘲ギャグを良く披露していた。

また大昔のカレーのコマーシャルで喜劇役者の南利明が「ハヤシもあるでよー」と言って名古屋弁を全国に流行らせた。名古屋とは関係ないがカレーのコマーシャルでは「インド人もびっくり」とか「インド人嘘つかない」といったフレーズも全国的に流行ったのが記憶に残っている。

※

三重県は中京地方に入るのだが、奈良に近いところに名張という町がある。赤目四十八滝という渓谷美で有名な景勝地を抱える町だ。日本の推理作家の元祖・江戸川乱歩の生まれ故郷でもある。あまり有名な作家ではないが車谷長吉という人の『赤目四十八瀧心中未遂』という小説がある。映画化もされた。京都に住んでいるころ一度は行きたかったところなので、小説だけでもと読んでみた。話の筋は、尼崎に流れ着いた主人公が美貌の在日韓国女性に乞われ、赤目四十八滝で心中に付き合わされるという話である。小説を読みながら僕の頭の中では美貌の女性は井川遥だったのであるが、映画化された時の配役は寺島しのぶだった。原作と映画は違いますね、というのは当たり前の話であるが、僕の心にはギャップが大きかった思い出がある。

四年前に赤目四十八滝から尾根をひとつ越えたところにある青蓮寺ダムを愛妻君と訪ねてみた。このダムは「日本一住宅地から近い場所にあるダム」として有名なのであるが、実はこのダムは土木技師であり、齢四十八の時に交通事故で急死した僕の父が現場監督として手がけた最後の工事現場なのである。子供のころは現場を移るたびに家族もろとも引っ越しをしていたので、どの工事現場も行ったことがあったのだが、このダムの工事中だけは僕らが思春期だったので、父は単身赴任だったのである。

色づいた秋の山肌は折からの小雨に煙り、淡いグレー色に透けていた。その秋模様に彩られた山肌が映りこむ湖面を見ながら、自分でも不思議なぐらいに感傷的になった。生きていたら九十歳を超えた父親と会話をしたのである。3時間ぐらいの滞在であったが、父の残したこの景色と感慨は一生忘れることはないだろうと思った。やはり血縁というものはすごいね。

名張を出発して志摩半島に一泊し、翌日は鳥羽からフェリーで伊良子岬に行った。航海の途中、三島由紀夫の『潮騒』の舞台となった神島を眺めながら伊良子岬に着く。ここは唱歌『椰子の実』の発祥の地である。民俗学者柳田國男が伊良子岬を散歩した折り、浜に流れ着いた椰子の実を見つけたことが、日本文化の起源を考える『海上の道』という論を唱えるきっかけになったという。

また柳田は友人の島崎藤村にその話をしたところ、藤村はさすがに詩人で「名も知らぬ遠き島より流れ寄る椰子の実ひとつ」と詩にしたのである。その詩に曲をつけたのは大中寅二。それが現在でも多くの人が口ずさむうるわしの名曲『椰子の実』である。

※

さて、中京記念の予想に入ろう。サマーマイルシリーズの第一戦目、3歳以上のハンデ戦である。一、二番人気の⑯グレーターロンドン、⑬ウインガニオンだが安田記念でも一桁着順が精いっぱいの実力である。つまり二線級なのね。ウインガニオンは昨年のこのレースの覇者であるから、このレースと相性がいいのかもしれない。馬券はこの⑬ウインガニオンの単勝と馬連流しで勝負したい。相手は⑯グレーターロンドン、デムーロの⑪ワントゥワン、大穴で安田記念しんがり負けの③ブラックムーン、休み明けでリフレッシュした⑩ガリバルディの4頭だ。

結果は大外れ。ウインガニオンが着外では見ていてもがっかりだ。とほほ。

想い人姿かすみて秋しぐれ

二〇一八年七月二九日　アイビスサマーダッシュ

旅打ちの思い出楽し新潟競馬

新潟競馬の楽しみはなんといっても直線１０００ｍ競走、略して「千直」だ。開催中は一日に必ず１レースは行われる。また直線１０００ｍのコースは新潟にしかない。他の競馬場の１０００ｍ競走は周回コースで行われ、コーナーを二つ回る。１０００ｍ競走は札幌、函館、福島、新潟、小倉の５つの競馬場でしか行われない。いわばローカル色豊かな競走でもある。

直線のみの競馬は周回コースと異なり枠の内外の有利不利がないと思われそうだが、実は普段馬が走らない、つまりコースの芝が痛んでいない大外が有利といわれている。馬券の予想が難しく決断がつかないときは、外枠を絡めて買えば良いとさえいわれるほど外枠が有利なのだ。

またここ十年の結果では7回牝馬が勝っているように、「アイビスサマーダッシュは牝馬を買え」が合言葉である。ただでさえ夏競馬は牝馬が強いといわれているが、千直競馬はなおさらということだね。つまり、外枠に有力な牝馬が入った時は馬券を抑えておかないと的中率は上がらないということである。

もう一つ千直競馬の特徴は、エキスパート騎手がいることだ。西田雄一郎騎手がその人。「新潟千直は目をつぶって西田の馬を買え」はもはや競馬ファンの定説になっているのだ。昨年のこのレースも西田騎手は8番人気のラインミーティアで鮮やかに勝ち、僕は中穴配当を得てにんまりしたのである。今年も西田の乗る⑯ブロワがらみの馬券は少額でも買っておきたい。

今年のメンバーを見渡すと牝馬の⑮ダイメイプリンセスと⑧ラブカンプーが人気を分けているが、僕の狙いは大外の牝馬⑰ペイシャフェリシタだ。この馬の単複と人気の⑧⑯に馬連とワイドを買ってみたい。……結果は人気馬2頭で決まり、⑰に見どころなしの惨敗。いわゆる縦目を食らったわけだ。もう1点馬連を抑えておけばと終わってから思ってしまう。進歩がないね。

※

競馬の楽しみ方に「旅打ち」がある。その名の通り旅に出て博打をすることである。旅打ちの楽しみは旅行という非日常の体験に加えて、馬券が当たると旅行の費用も出るぞという期待感である。実際十数回に一回は実現するのだからたまらない。

僕は新潟のアイビスサマーダッシュに過去3回遠征した。一度目は昔の会社の同僚I君と、二度目は競馬風俗研究家のT氏と、三度目は一昨年に愛妻君と友人K夫妻の4人組の旅行である。行動パターンはほぼ同じだ。朝の8時台の東京駅発の新幹線で新潟に向かう。車内で朝昼を兼ねた弁当を冷えたビールや冷酒で頂いて、旅打ちの勝利の予感(希望)を二倍三倍にするのだ。

昔の同僚I君は予想マニアでいつも競馬新聞から目を離さず、競馬場ではレース中に馬が走っていても、次のレースの予想に夢中のことも多々ある予想マニアで、飲食にはまったく興味を示さない。さすがに記憶力は抜群であるが、だからといってよく当たるわけではない。

逆に競馬風俗研究家のT氏はグルメなので、東京駅の一カ所でしか売っていない駅弁「極附(きわめつき)弁当」3800円を予約した。乗車する列車の時間と座席を教えて配達をお願いすると、席に持ってきてくれるのである。何やら日本一の農家の作った米を富士山の名水で炊き上げ云々、箸は吉野杉で云々、包む風呂敷は何々染めで云々とやたらと説明がついている。T氏は「これは美味い、これも美味い」とぱくぱく食べ、ぐびぐびと飲んで新潟に着くころはかなりいい気分になり、声も次第に大きくなってくるのだった。

愛妻君と友人K夫妻の4人組旅行では、新潟駅で男同士は競馬場、女同士は新潟観光と別れて、夜は月岡温泉のホテルで合流した。競馬場から月岡温泉までは車で三〇分以上かかるのだが、ホテルの無料送迎バスが送り迎えしてくれ、交通費がかからないことがメリットである。

土日二日間の馬券成績といえば、僕はちょび損だったが、K氏は日曜日の馬券が良く当たり、3連単で一〇万越えを当てたりして大喜びだった。もちろん帰りのタクシー代も、新潟駅での夕食も気持ちよく出してくださり、我々も喜びを分かちあったのである。

作家の故山口瞳の作品に『草競馬流浪記』がある。全国津々浦々の地方競馬場を巡る旅打ちのエッセイである。勝ったり負けたりの馬券もさることながら、酒や食べ物に関する記述も多い。馬券を買うということは既に非日常的なことなのだが、それに加え旅に出るというもう一つの非日常が重なり、楽しみも二倍以上になるようである。もちろん外れ続ければ落胆も倍以上ということになるのだが。

山口瞳さんほどの大名旅打ちではないが、僕も十数年ほど前に休日を利用して全国各地の地方競馬に旅打ちに出かけた。既に廃止になった新潟県の三条競馬、和歌山県の紀三井寺競馬、大分県の中津競馬には行けなかったが、僕が訪ねた後に廃止になったところもいくつかあるので、今となっては行っておいてよかったなあと思う。どの競馬場もそれぞれの思い出があるのだが、やはり馬券が当たり儲かったところの思い出は細かいところまでよく憶えている。

山形県の上山競馬場と島根県の益田競馬は大いに儲かったのでいまでも思い出すとにんまりと笑ってしまう。逆に栃木県の宇都宮競馬と名古屋競馬は馬券が全く当たらず嫌な思い出になっている。その他の競馬場は勝ったり負けたりだったが、不思議に楽しい思い出だけが残っている。この旅打ちの思い出は別に書いてみたい。

旅に打ち夢は芝生をかけ廻る（盗作か）

二〇一八年八月五日　小倉記念

小倉といえば無法松

「～小倉生まれで　玄海育ち　口も悪いが　気も荒い……」作曲・古賀政夫、作詞・吉野夫二郎、唄・村田英雄で有名な『無法松の一生』の出だしである。実は僕は出だししか知らない。それなのに「小倉」と聞くと僕はこの歌の出だしを口ずさむことが多い。それは映画『無法松の一生』が好きなせいである。好きな日本映画を上げろといわれれば、必ずベストテンに入れるほどである。ちなみに一位は小栗康平監督の『泥の川』を上げることが多い。

原作は岩下俊作の小説『富島松五郎伝』なのだが、実はそれも読んだことがない。歌も最後まで憶えないのは、映画の印象がとても強いので、原作を読んだり、歌を憶えて愛唱歌にして最後まで歌ったりすると、その世界に浸りこんで、映画から受ける「無法松」の印象が、やや薄まってしまうのではないかと恐れているからである。簡単にいうなら「僕の好きな映画の中の無法松」を大切に胸の中にしまっておきたいという、子供のような思いがあるのだ。

映画『無法松の一生』は何度か映画化されているが最初の映画化は戦前の1943年の作品である。主演は坂妻（バンツマ）こと坂東妻三郎、密かに想いを寄せる吉岡夫人に園井恵子。監督は稲垣浩、脚本は伊丹万作である。日本が無謀な戦争に突入し、劣勢になっている時代にこの映画が作られたことがすごいと思う。映画人の心意気が感じられる。しかも名作である。

しかし、車夫ごときが帝国軍人の未亡人に懸想するとはけしからん、とのことで軍部の検閲を受け一部分をカットされて公開されたという。戦後になると今度はGHQ（連合国軍最高司令官総司令部）が、軍国主義的な表現があるとして、またも一部分カットされてしまった。

監督の稲垣浩と脚本家の伊丹万作は忸怩たる思いがあったのだろう、1958年にリメイク版を完成させ公開にこぎつけた。このリメイク版の主演は三船敏郎で奥様役は高峰秀子だった。僕はこの三船版が一番好きな『無法松の一生』なのである。また1963年には村山新治の監督で三國連太郎と淡島千景、1965年には三隅研次治監督による勝新太郎と有馬稲子の配役で映画化がされているが、やはり僕は三船敏郎の無法松が一番好きである。

どこが好きかといえば説明が主観的で申し訳ないが、無法松が似合うのが三船敏郎だからである。松五郎の職業は人力車の車引き、車夫である。昔は「車夫馬丁の類」といえば社会の最下層でうごめく貧乏で無教養な人々と蔑まれたのである。それが似合うのが三船敏郎だと思う。

松五郎は酒飲みで乱暴者、無教養だがどこか憎めないお人好しのところがある。直情径行の人でもある。そんな松五郎を演じるのには、坂妻はやや上品すぎるきらいがあり、勝新太郎では未亡人に密かに恋い焦がれかなわぬ恋に悶えるには、持って生まれた「アクション俳優」の雰囲気が邪魔になっている。三國連太郎もどこか紳士然として品が良い印象なので、松の荒っぽさを演じるにはちょっと欠けるのではと思う。これらはあくまでも僕個人の感想なので、それぞれのファンの方には笑って許してもらいたい。

数年前に東京・東中野の小さなホールで戦前の『無法松の一生』の上映会があった。検閲でカットされた部分のフィルムを足して上映し、映画評論家が解説をするというマニアックな会であったが、僕も参加してみた。会場には100人以上のファンが集まったが、やはり老人が大半を占めていた。『無法松の一生』の人気は底が固いなあと思ったものだが、このファンがやがては死に絶えるので、そこで終わるのか、それとも後世に名作として残るのかはわからない。

祭りで祇園太鼓を打つシーンなど、名シーンは幾つかあるが僕の好きな場面を紹介しておきたい。松五郎が馴染みの居酒屋に請うてもらった美人画のポスターを部屋に張り、夜ごと奥様の面影に重ねているところである。やがて松五郎はそれを恥じ、奥様に「俺の心は汚い」と謝り、二度と彼女の前には姿を現わさない……というところである。その後の松五郎は酒におぼれ、冬の寒い夜に行き倒れて死んでしまう。嗚呼。

※

小倉は元々小倉市であったが、合併で北九州市になった。門司、小倉、戸畑、若松、八幡の五市が対等合併したものである。小倉は北九州市の中心で新幹線の駅がある。競馬場は小倉駅からモノレールに乗ると10分ほどで着く住宅街の中にある。緑の山も近くに感じるのだが、都会の競馬場のイメージである。

二度ほど訪ねたが、東京からだとやはり旅打ちということになる。レトロな門司港や関門海峡の観光とセットにすると楽しい。夏の小倉競馬の楽しみは、九州産馬のレースである。九州産の馬は、北海道に比べると牧場の規模も小さく、種馬も多くないので一般にはレベルが低いと思われている。僕もそう思う。しかし馬は生き物である。突然変異のように強い馬の登場を願うばかりである。九州からもオグリキャップのような馬が出てきてほしいと切に願うばかりだ。

さて、肝心の小倉記念のレース予想をしてみよう。ここは小倉競馬に実績のある④ストロングタイタン、⑨エーティーサンダー、⑪トリオンフの馬連ボックス買いだ。同枠の馬にも期待して4、7、8枠の枠連ボックスで保険をかけてみたい。特に④は鳴尾記念の快勝が光っている。④の単勝も買っておきたい。……さて結果といえば一番人気⑪トリオンフの快勝、2着には⑩サトノクロニクルと人気馬で決まった。馬券は枠連で買っておいて丸損は免れた。助かったあ。

雪しぐれかなわぬ恋に溺れ酒

二〇一八年八月一二日　エルムステークス

サッポロの街角で誰に会う

僕は小学生から中学生のころは京都に住んでいて、ボーイスカウトの活動をしていた。基本的には屋外活動が主で、ハイキングやキャンプにもよく行っていた。キャンプでは夜の食後にキャンプファイヤーを囲んで、リーダーたちの話を聴いたり、歌を歌ったりした。もちろん曲目は流行りの歌謡曲などではなく、ボーイスカウトらしいものであった。

ボーイスカウト活動は国際的に行われており、キャンプで歌う歌も国際色の豊かなものも多かった。当時必ず持っていたハンドブックには歌集もついていたのだが、今や散逸してしまって、少しばかり後悔している。正式名称は忘れてしまったが「クイカイマニマニマニマニ　ダスキークイカイコ　クイカイカム」という軽快なリズムの歌を憶えているし、短いので全部歌える。いまネットで調べてみるとペルーの曲だとあった。

また、高校生の先輩が「いい歌があるから教えてやる」と言って歌ったのが、俳優・森重久弥が作詞作曲した『知床旅情』だった。50年以上も前のことで、その当時は知る人ぞ知る歌が、現在では懐かしの名曲の定番となっているのも感慨深い。

そんな数々の歌の中で題名も知らずに繰り返し歌った歌がある。僕たちはその歌を「札幌の街角で」と勝手に名付けていた。歌詞を以下に記してみよう。

札幌の街角で／メッチェンに会ったなら／優しく手を伸べ膝まづいて／
情熱に燃える／ウインク捧げ／イッヒリーベディッヒ／
そう言ってキッジェンしちゃいなさい／
あ〜らいけすかない人だわね／そう言ってにんまりと／笑ったならば／
もうしめた／彼女はあなたのものよ／あなたのものですよ

何ともレトロな歌である。大正ロマンの時代か昭和初期かという匂いがする。エノケンあたりが歌ったなら似合うだろうなという歌である。歌詞が何ともすごい。ドイツ語交じりである。札幌の街角で出会った女性に、ウインクして「愛しています」と言ってキスをしてしまいなさいと歌っている。女性もにんまりと笑うかもしれないと言っている。こんな歌詞は今では誰も理解してくれないだろうし、「それってセクハラを奨励している歌だわ」と速攻で嫌われても不思議ではないね。

なんといっても思春期の男の子には刺激の強い歌詞で、だからこそ友人たちと繰り返し歌ったものである。現代ではネットを検索すればポルノグラフィーも自由に見ることができるが、僕たちが中学生の頃は、美術の教科書に掲載されている西洋の名画『裸のマハ』や『民衆を率いる自由の女神』を見て、あらわになった女性の乳房に興奮する輩が割と多くいたのである。もちろん友だちのことで、僕のことではないのだけれどね。

それにしても疑問に思うのが、なぜ札幌なのかということだ。浅草でも銀座でもよいと思うのだが。僕の推理では、昔から北海道の中心であった札幌には単身赴任の男性が多く、ガールハントに熱心だったのではないだろうか。戦後の昭和時代にも「サッチョン族」という言葉があった。これは「札幌」と男性独身者の略称「チョンガー」の合成語であるが、そんな単身赴任者の多い札幌の空気を感じる歌で思い出深い。

※

競馬の旅打ちだけではなく、札幌には仕事で何度も行ったが、札幌と漢字で書くよりサッポロとカタカナで書く方が趣があって好きだ。サッポロビールに洗脳されているのではなく、北海道はアイヌの言葉が由来の地名が多く、もともとカタカナ表記のものを強引に漢字に当てている。だから先住民のアイヌに敬意を表してカタカナでいったり(頭の中のことですが)書いたりするのが僕の流儀なのである。

札幌ではいつもすすき野のホテルに泊まることにしている。もちろん繁華街で飲み食いに便利だからである。だいたい決まった行動パターンがある。まず居酒屋風の飲み屋で地元の魚や野菜を食べる。次にすすき野交差点の近くの安いジンギスカンの店でさらに飲み食いする。はしご酒にはしご食いというわけだ。なぜか旅に出ると食欲が増すので、できるだけ締めのラーメンは避けるようにするのだが、時には酔った勢いでラーメン横丁に足が向くことが多い。

さて、エルムステークの予想をしてみよう。1700mダートのG3戦である。基本的にこの時期には一流馬はお休みをするので、二線級の馬たちの争いになることが多い。今年のメンバーを見てみると、帝王賞4着だから格上の感がする①リッカルドはルメール騎乗で確勝の雰囲気だ。②ドリームキラリはオープン特別では安定しているので押さえには必要だ。③のミツバは交流戦を勝っている勢いを買うべきだ。⑧ハイランドピークは勢いのある4歳馬。

以上の4頭をどう買うかが問題だ。上位人気馬なのでこの中から少しでも絞りたい。そこで久々のケントク(無理矢理こじつけた論理)買いだ。3番枠に「ミツバ」が入ったから③から買ってみたい。単勝と馬連流しだ。相手は①②⑧の3点。暑いから省エネ馬券のつもり。さて、どうなることか。

あれえっ!、何とミツバはその名の通り3着だった。こんなことなら4頭を馬連ボックスで買っておけばよかったなあ。省エネ作戦大失敗だ。

北国のひと肌恋し交差点

二〇一八年八月一九日　札幌記念

肉食の魅惑誘惑ジンギスカン

前回に続いてまたも札幌の話題なのだが、北海道の人は羊肉を良く食べる。ほとんどジンギスカン鍋で、野菜と一緒に焼いてたれをつけて食べる。たれは最初に肉になじませておくか、食べる際につけるかの二派あるそうだ。

では、昔から羊肉を食べていたかというと、羊肉食が普及したのは戦後のことらしい。明治時代軍服用の毛織物を自前の産業として育てようと、羊毛を取るため羊の飼育を政府の肝いりで進めたらしいのだが、本場・英国などとは気候が異なるのでうまくいかなかったようだ。現代では羊毛も羊肉も輸入が主で、国内産もあるのだが量も少なく価格も高い。

羊肉を食べるようになったのは戦後のことで、牧畜が盛んな北海道では定着したが本土の各地では全く興味が持たれなかったようだ。東京でジンギスカンブームが起きたのはバブル経済がはじけた後の一九九〇年代ではなかっただろうか。

僕は羊肉が大好きである。最初に食べたのは一九七〇年ごろで、札幌郊外の野幌という町だった。高校時代の友人が現地の大学に入学していたので、下宿を訪ねたのである。「ジンギスカンでも食おうか」ということで、近所の肉屋さんで買ってきて食べたのだった。

その独特な味わいや歯ごたえが好きになり、今でもメニューにラムチョップとか羊の背肉のローストなどがあると必ず頼んでみる。スーパーストアでも最近見かけるので、時折買っては自分で炒めて食べている。自慢ではないが普通の人より羊肉を多く食べていると自負している。日本で食べられる羊肉はマトンとラムの二種類がほとんどである。マトンは成長した羊の肉、ラムは子羊の肉である。一般にラム肉の方が臭みは少なく柔らかいので喜ばれているようだが、僕はマトンを好む。多くの人が嫌う「臭み」も好きなのだ。だいたい「羊らしさ」を楽しむのに、匂いが嫌だなんていうのは邪道だと思う。

二〇一〇年の夏に札幌を訪れた。もちろん旅打ちである。競馬の成績は冴えなかったが、食欲は絶好調だった。まず札幌入りする前に、東広島駅近くのジンギスカン料理の店に行った。札幌の知人にジンギスカンの美味い店を聞いておいたのである。『ジンギスカン倶楽部』というのがその店の名前だ。この店には大きなワインセラーがあり出入りは自由なので、自分の好みのワインを選び席に持ってくることができる。

メニューはセットになっており、肉と野菜とお握り2個である。お握りは食べ切れなさそうなのでいらないと断ったが、セットだからと強引につけられてしまった。僕は意志が弱いので、あると食べてしまう。なかなか食事を残すことができない世代でもあるのだ。肉はラムかマトンか選べたような気がしたが忘れてしまった。確か肉を追加で頼む際は指定できたと思う。

翌日はサッポロビール園に行ってみた。札幌観光の定番コースなのだが、お目当てはレストランでのジンギスカン鍋である。工場見学はパスして、レストランに直行である。早速ジンギスカンセットとワインを頼む。ビール屋さんでワインを頼むのは剣呑であったが、メニューに一種類のみ載っていたので頼んでみた。結果といえば少々いただけない味だった。そこで飲み物は生ビールだけにした。ビールはお腹が膨れるので難があるのだが仕方がない。肉の皿はマトンとラムのセットがお得なようなので、お替わりも同じものを頼んだ。一皿で肉の量は250gと書いてある。なんと僕は4皿を完食したのだ。重量はちょうど1kgである。もちろん一回の食事で食べた肉の量としては人生最大の記録を作ってしまった。

※

ところでなぜ「ジンギスカン」というのだろう。調べてみるとジンギスカンの故郷モンゴルにも、中国にも羊肉の料理はあるが、ジンギスカンという名称ではない。ジンギスカンは日本のオリジナル料理なのである。ではなぜ羊肉料理がジンギスカンとなったのだろう。僕の推測だが、羊肉↓モンゴル↓ジンギスカン↓源義経という連想からではないだろうか。いまだに義経は北海道から大陸に逃げ、モンゴル草原に渡りジンギスカンになったという伝説が残っている。そして義経の恨みを晴らすべく孫のフビライが日本を攻めた。蒙古襲来とか元寇として知られる歴史的事実が、義経伝説と混ざり合って語られることもある。ジンギスカンという料理は、そんな日本人の持つ義経伝説の連想からの命名なのだと思う。

まだ不思議なことがある。ジンギスカン鍋は料理の名前でもあり、調理器具の名前でもある。しかしあの鍋は鍋と呼んでいいものだろうか。鉄板がドーム型に成形され、縁が油や汁が溜まる溝になっている。まるで浅い兜のようではないか。そんな鍋の形と調理方法から思うに、この料理は「ジンギスカン焼き」とした方がより正確ではないかと思うがどうだろうか。

さて札幌記念の予想であるが、⑤マカヒキ、⑧ネオリアリズム、⑮モズカッチャンとG1馬3頭の参戦である。僕の狙いはG1戦では一歩足りなかった⑭ミッキースワローだ。ここは成長を見込んで勝負したい。G1馬3頭と①サングレーザー、函館記念善戦の⑨サクラアンプルールを相手に馬連流しで勝負だ。群馬県出身の丸山騎手の⑩スティッフェリオも少し抑えておきたい。

馬券の結果だが、ミッキースワローは横山典の消極的な騎乗もあり、直線で前が詰まって追えなかった。横山の前をカットしたモズカッチャンが際どい3着だったので、余計悔しい。

義経は俺のことかとジンギスカン

二〇一八年八月二六日　キーンランドカップ

一度は行きたい海外の競馬場

キーンランドはアメリカ・ケンタッキー州の馬産地であり、ＪＲＡと提携してこのレースに賞を出している、そうだ。その縁で命名されたこのレースはＪＲＡ「サマーシリーズ」のスプリンター部門の第４戦である。ケンタッキーはケンタッキーダービーとバーボンウイスキーが有名で、僕のあこがれの地でもある。「競馬と酒」とは実に単純な憧れであると自分でもおかしくなる。正しくいえば憧れではなく欲がらみの気持ちであるのは間違いないね。

戦後しばらくして生まれた僕はアメリカ文化の影響を強く受けている。特にアメリカ民謡は今でもいくつか憶えていて、当然のことながら歌える。もちろん日本語訳ではあるが。思いつくまま記してみると『おおスザンナ』『コロラドの月』『峠のわが家』『谷間のともしび』『オールド・ブラック・ジョー』『草競馬』そして『ケンタッキーの我が家』とすらすら出てくる。

子どものころの記憶は今でも鮮明で、テレビドラマなら『名犬ラッシー』『パパは何でも知っている』

『アニーよ銃をとれ』『ミスターエド』などがすぐに思い出せる。アメリカの流行歌も映画も当時の子どもたちにとっては「最先端の文化」だった。映画『ウエストサイド物語』の封切り時に、僕は小学校の高学年だったが、クラスの人気者が「俺はもう2回観た」と自慢げに話していたのを今でも憶えている。羨望の気持ちと「何言ってやがる」という反発心とがないまぜになった当時の気分もまた、半世紀の後に鮮やかに蘇るのだ。

ともあれ競馬の話に戻ろう。キーンランドカップは1200mのスプリント戦だ。秋のG1・スプリンターズステークスが展望できる大事なレースである。短距離戦は出遅れや位置取りの不利など取り返しのつかない緊張感が魅力の一つでもある。短距離というとスピードに任せて逃げ切りが多いという印象を持つ人が多いが、すごい差しや追い込みが決まるのもまた短距離戦なのである。レース画面に映るラップタイムを見ながら「これは逃げ切りだ」または「追い込みが決まるぞ」など想像するのは楽しい瞬間である。もちろん勝つだろうと思う馬の馬券を持っている時に限った喜びではあるのだがね。

レースの予想だが、僕の本命馬は人気薄の④ペイシャフェリシタだ。人気は割れ気味で「何が来ても不思議はない」という感じである。④ペイシャフェリシタはここ2走惨敗しているが人気は2番人気と3番人気で力は支持されていた。見るべきは3走前の春雷ステークスの勝ちタイムである。中山競馬場の良馬場で1分7秒7である。騎手が三浦から田辺に代わりこのタイムが再現できるなら勝ち負けだと思う。馬券は単複と小銭で馬連総流しだ。

結果は9番人気の④ペイシャフェリシタは惜しい3着。複勝的中で全体はプラスもやや不満。

ところで僕は外国の競馬場で馬券を買って楽しんだことは一度もないのだが、ハンガリーのブダペストの競馬場には行ったことがある。知人との中欧旅行ツアーであったが、その知人が出発直前癌を患い旅行を断念したのである。仕方なく一人でツアーに参加した。

観劇やコンサートなどが予定されていたが、それ以外はほぼ自由行動なので、ある日ブダペストの街を散策した。といっても前もって地図で競馬場を探して訪ねてみたのである。ブダペストの競馬場は当日開催が無く、閉じられた門扉から中を覗いただけだったのだが、思ったより美しく整えられており、開催していればなあと残念だった。

地下鉄の駅に戻り、ホテルまでは一駅だったのだが、僕の病「情緒に流される性格」が災いして、立ち飲みの店に寄ってしまった。ホワイトワインらしい樽を指さして「プリーズ」と頼んだら500ミリLは入りそうな大きなコップに並々と注がれてしまった。まあいいかとぐびぐび飲んでいたら、労働者風の日焼けしたオッサンが僕を指さして、怖い顔で怒鳴るではないか。

言葉が分からないので「うーん」と考えていたら、僕の寄りかかっているケースの中が実は冷蔵庫で、彼はそこから飲み物を出したかったのだ。で、僕がどいてやると、ビールのような瓶を取り出して、それを指さしにんまりとほほ笑むではないか。僕も手でOKマークを作り笑顔を返し、どうやら呑み助の交流が成立したようである。ちょっと大げさか。

やがて僕はワインを飲み干してしまったのだが、酔いと異国情緒も手伝ってもう少し飲みたくなった。カウンターの中の男に空のコップの中ほどを示し「ハーフ・プリーズ」と言ったが英語では通じない、そのうち周りの男たちがあれこれ言いだし、多分「並々注いでやれば文句はないさ」とでも言ったのか、またも大きなコップに白ワインを並々と継がれてしまった。

ここは日本男児の意地でも完璧に飲み干さなければみっともないと、それを短時間で飲み干してしまったのだ。薄暮のブダペストで大いに酔っぱらってしまった僕は、地下鉄の駅に降りたのだが、2路線のうちどちらに乗ればいいのか全く分からない。「ええい、ままよ」とばかりにでたらめに乗ったらそれが正解だったのだ。どうやってホテルの部屋まで帰ったか記憶にないのだが、朝起きたら自分の部屋のベッドだったのである。

何事もなく無事で良かったのだが、勝手のわからない異国の街での単独行動はやはり危険で、しかも安っぽい立ち飲み屋で記憶を無くすほど飲むとは何たることですか、とツアーの添乗員さんにはあきられてしまった。「情緒に流されやすい」性格は承知なのだが、なかなか治らないね。

二〇一八年九月二日　新潟記念

生と死を考える新潟の思い出

新潟記念である。ＪＲＡサマー２０００シリーズの最終戦がこの新潟記念となる。サマーチャンピオンになった馬の半分ほどが新潟記念の優勝馬というデータがあるので、馬券の参考にはなるが決定的なデータとはいえない。その上今回は3歳馬ながらダービー5着のブラストワンピースが出てきた。5着とはいえ2着のエポカドーロとは差がなかったので一番人気になるだろう。

しかし過去10年の結果をみると半分は馬連が万馬券になっている。固く収まったことはない。だから今度は固く収まる番だよという人もいるが、僕はやはり穴をねらいたい。狙いは⑪エンジニアだ。中京からの転戦は左回りで大躍進するつもりと見た。馬券は単複と馬連とワイドの流しで勝負だ。相手は①ブラストワンピース、⑤メドウラーク、⑧ストーンウェア、⑩グリュイエール、⑬セダブリランテスの5頭だ。結果は①が楽勝し僕の狙いの⑪エンジニアは4着だった。どうせならボロ負けしてくれたらいっそ清々しかったのに、悔しいばかりの思いが残った。

※

新潟といえば子供たちが小学生だったころに、村上市の海辺にある瀬波温泉に何年か続けて海水浴で数日間滞在した。わが家の夏の年中行事であり、泊まる旅館も同じだった。時に近隣を訪ねて観光めいたこともした。ある年、即身仏を拝めるお寺があると聞き出かけてみた。

大悲山観音寺というのがお寺の名前だ。即身仏は本堂の横手の目立たない祠に安置されており、木の格子の扉から暗い中を覗くと思ったよりも小さな「ミイラ」が安置されていた。仏海上人がその仏様の名前である。覚悟の餓死、つまり入滅されたのは明治時代で日本にいくつかある即身仏の中では一番お若いということが案内板に書いてあった。即身仏を見ながら、僕は若いころに読んだ井上靖の小説『補陀落渡海記』を思い出していた。

小説の細かいところは忘れてしまったが、熊野のお寺では61歳になると単身海に船で流され、西方浄土に向かうという習慣があった。当然船の中で餓死するか、波に飲まれて溺死することになるのだが、その年になった僧の生への執着や、悟りを開く使命感との葛藤が描かれていた。

新潟の仏海上人も自ら死に向かうことに葛藤があったのだろうか、それともすっきりとした悟りの中で「充実した世界」を体感したのだろうか。さまざまな生と死のあり様を考えると、僕のような「馬と酒」の堕落した楽しみに耽っている人間は穴があったら入りたくなる。

「よし僕も一日ぐらいは仏海上人を見習って断食するぞ。まずは明日からだ」と決心して布団に入ると、夜も10時を過ぎたころ宿の主人が「もしもし、お休みのところすみません」と訪ねてくるではないか。いったい何用あってこんな夜中に声をかけるのかと訝ると、彼曰く「夕飯の時にお蕎麦を出すのを忘れていました。遅くなりましたが持ってまいりましたのでお召し上がりください」とのことだ。

これを田舎の人は律儀だなあと褒めていいのか、就寝中に蕎麦を食えとは何の恨みがあっての意地悪なのか、それとも田舎者の鈍感さなのかとしばらく考え込んでしまった。当然子供たちは日中の海水浴の疲れでぐっすり寝ているので、僕と愛妻君とで挑戦したのだが、愛妻君は三口ほどでギブアップしてしまった。食べ物を残さない主義の僕は、うんうん唸りながらどうにか片づけたのだが、胃袋が苦しいのと、仏海上人に申し訳ないのと、宿の主人の律義さに憤懣やるかたない思いが混じった夜を過ごしたのだった。

それはともかく、この地で僕は初めて岩牡蠣を食べた。牡蠣は冬の食べ物だと思っていたのだが、夏の岩牡蠣は大きく味も濃厚でこれには目から鱗が落ちてしまった。その後僕は岩牡蠣といえば目がなくなり、あちらこちらで夏場の岩牡蠣を食べるようになったのだが、この口福も瀬波温泉で憶えたのが始まりだった。よい思い出もあることには間違いないのだ。

村上市を流れる三面川は鮭の漁場で有名である。イヨボヤ会館という鮭の民俗館・博物館があり、そこを訪ねると今まで知らなかった鮭のことが勉強できる。寒い地方の人々はいかにして食べ物を保存するのか、知恵を絞り工夫を凝らすのだが、ここでは特に鮭の加工・保存方法にまたも目から鱗の落ちる思いをした。

実はこの三面川の上流は朝日連峰という山々が連なっているのだが、僕は17歳の夏に高校山岳部の遠征でこの川の支流を遡上したことがある。岩井又沢がその名なのだが、たった5キロmほど遡上するのに谷の中で2泊するほど険しいルートだった。次から次に現れる滝を攻略するのだが、経験の少ない一年生などはあまりのスケールに腰を抜かし動けなくなってしまったほどだった。

最後の滝は幅が広く長さもあったが足がかりが良く上りやすかった。リーダーの僕はザイルをつけトップで登って行ったのだが、登り切る最後の最後に手がかりが崩れて落ちそうになってしまった。何とかバランスを保って、素知らぬ顔で登り切ったのだが、落ちていたら必ず死んでいたと思う。その生死を分けた一瞬の思い出は今でも強烈で、時々思い出してはホッとしている。「まさか衛星写真ではあの滝は探せないだろうなあ」と思いながらグーグルアースで探してみたら、なんと巨大な滝を発見することができた。

以来僕は時々その滝をパソコン画面で眺めながら、人間の生と死、生きていることの不思議さをしみじみと感じているのである。

仏教の心も忘れ牡蠣食らう

二〇一八年九月九日　セントウルステークス

馬と人との長くて深い関係

セントウルステークスの「セントウル」とはギリシア神話に出てくる半身半獣の怪物ケンタウロスのことだという。阪神競馬場には上半身が人間で下半身が馬のケンタウルス像がシンボルになっている。つまりこのレースは阪神競馬のシンボルレースともいえる。僕だけの説だがね。

上半身が人で下半身が馬とは羨ましいなどという不謹慎な人もいそうだが、実際に馬面の人は「馬」とか「馬さん」とあだ名されることも割とある。他人の特徴を言う時に「ほらあの馬面の人」などと、あまり悪気もなく言ってもトラブルになることは少なくないのは、本人が悪口とあまりとらえていないこともあるが、馬と人の親和性が密だからではないだろうか。

日本テレビの長寿人気番組『笑点』の三代前の司会者は故三遊亭圓楽で、自らの馬面をネタにしていたほどだ。落語といえば名前が「馬」という人物が登場する話がある。『らくだ』というのがその話であるが、このあだ名が「らくだ」で「うま」が本名というとぼけた人物は、実は登場した時から死んでいるのである。

「らくだ」を訪ねてきたやくざ者の弟分が、兄貴分が死んでいるのを見て、何とか弔いを出してやろうと、折しも通りがかったくず屋に「何でもいいから買え」「近所を回って香典を集めて来い」と無理難題を吹きかけるのが前半の話だ。実はこのくず屋はとんでもない酒乱で、弔い酒を飲みだすとやがて主役に逆転するという面白さがこの話の眼目である。

同じく落語で『厩火事』という噺がある。髪結い女とその亭主のトラブルが話の筋だが、その中に出てくる名君は、厩が火事で名馬が死んでも馬のことは何一つ聞かず、家臣の安否を心配したという。その真似をして亭主の大事な茶碗をひっくり返ってわざと割ってみる。そして女房の身を心配するか、それとも茶碗の心配をするか試そうじゃないかというのがその大筋である。まあ、本来の競馬とは関係ないのだが、落語ついでの話題で許されたい。

つい百五十年前までは、馬は人間にとって大切な動物であった。人々の交通や資材の運搬に携わり、戦場では移動・攻撃に欠かせないパートナーであった。それにもまして農業国日本にとって馬はともに働く大事な仲間であったのだ。それが証拠に東北地方の曲がり屋は馬と人とが一緒に住むという形をとっている。

だから馬との別れはドラマになり歌にもなる。昔の歌手・三橋美智也の歌う『達者でな』は一世を風靡したが、馬とかかわった人間は誰でもあの歌を聞けば胸に迫る思いがあると思う。今や馬といえばほとんどがサラブレッドになり、競走馬として人間の娯楽の対象になっているが、歴史の最も長い時間は馬と人との生活交流だったのだと思う。

また馬が登場する物語では『塩原太助一代記』に馬の「青」との涙の別れがある。涙を流すのは太助だけでなく、馬の「青」も涙を流すのでびっくりする。後に「青」は悪者をかみ殺したりもする。この話は大変複雑怪奇なので、一言では紹介できない。気になった人は自分で調べてみてほしい。

※

ここまで馬と人間の関係の話を書いてきたので、ちょっと恐縮なのだが、実は僕は馬肉が大好きなのである。以前羊肉が大好きだとも書いたのだが、馬肉も大好きでしかも生食、いわゆる馬刺しが好きなのである。居酒屋などでメニューに「馬刺し」とあるとつい頼んでしまう。競馬好きなのに不謹慎だぞと思う人もいるだろうが、僕には競馬好きと馬刺し好きは同時並行、何ら違和感を持ったこともない。おセンチな感情は一切なく、逆にありがたくいただいている。

熊本県が馬肉の産地では有名である。昔、山鹿という町を訪ねた時に馬肉専門店があるので驚いた経験がある。その馬肉精肉店では、霜降りから赤身まで薄切り肉が10種類ぐらい並べてあり、価格は百グラム2000円から150円ぐらいまでだった。高い肉はいわゆる「霜降り」なのだが、僕の好みはちょうど中ほどの赤身肉である。安い肉はちょっと固く、赤身でさっぱりとして脂っこくないのがその辺りなのである。僕はその肉を塊で500グラム買い、冷蔵便で自宅に送り、しばらく楽しんだ。

最近は通信販売でも購入できるが、まず外れが多い。届いた商品のうち半分は「まずまず」であるが、残り半分は「食えねえぞ」というレベルのものが混じっていた。噛めないほど固いのでは詐欺とはいわないが、二度と頼む気がしない。おいしい馬肉は現地に行くか、現地の知人がいれば頼むにしくはなしである。東京の居酒屋の馬刺しは、僕には中の下という感じで、まだ唸るほどの良品には出会ったことがないのが残念である。行く店のレベルが低いのかもね。

さて、馬券だがここはG1スプリンターズステークスの前哨戦、気合を入れて予想しよう。顔ぶれを見ると⑭ファインニードルで断然の感があるが、いかんせん58キロ背負わねばならない。最終目標も先にあることから3着でも不思議はない。そこで、今回は⑭1頭軸の3連複で勝負してみたい。相手をデムーロの②ラブカンプー、武豊の⑦ダイアナヘイロー、道悪得意な⑨ネロ、同じく道悪が良さそうな⑬グレイトチャーターの4頭に絞り6点で楽しんでみたい。

で、結果といえばズバリ的中。②⑬⑭で40倍の馬券になった。馬連だと人気馬同士で決まり馬連7・2倍だったから、4点買っていると配当的に妙味がなかったが、久しぶりに3連のみで勝負したのが功を奏したといえる。今夜のビールは美味いぞ。

愛おしみ時に憐れみ馬肉食う

二〇一八年九月一六日　ローズステークス

大荒れ期待の思春期トライアル

ローズステークスは3歳牝馬のG1秋華賞のトライアルレースである。3着までが秋華賞に優先出走できる。サラブレッドと人間の年齢を重ねてもやや無理があるのだが、僕は馬の2歳は人間の小学生、3歳は中学生、4歳は高校生、5歳以上は成人というイメージを持っている。そして4歳と5歳の力の差は大きくないと思う。極端な比較だが水泳の池江璃花子選手は高校生だが、世界のトップレベルの力がある。馬も4歳のトップレベルは全サラブレッドのトップクラスに位置すると僕は見ている。

ローズステークスに出てくる3歳牝馬は、人間に例えると思春期にあたると思う。人間の思春期は体も心も不安定だが、サラブレッドも似たようなものかもしれない。時に大荒れになるこのレースは「女心と秋の空」を体現しているともいえる。春の実績馬や夏の上り馬など、実力のある馬は秋華賞が目標だから、このレースに全力投球で挑まないことが予想も結果も難しくしているのだと思う。不謹慎だがさいころを転がしたり、自分の電話番号や名前のごろ合わせで馬券を買っても面白いかもしれない。運を天に任すことも一興かもしれないね。

さて、レースの馬券だがどのように攻めようかと悩むのも楽しい。今回はフローラステークスを勝ちオークスでも3番人気で6着に敗退した⑧サトノワルキューレが人気を集めそうだ。ほかはフローラステークス2番人気4着の⑤サラキア、フラワーカップの勝ち馬⑬カンタービレ、4戦すべて連対している⑦センテリュオらが人気を集めそうだ。

しかしどうも小粒感が否めない。アーモンドアイを負かせる馬を探すより、2着に食い込める候補を探すレースだろうか。僕の狙いは⑭ウラヌスチャームだ。桜花賞、オークスに出ていないが6月に2勝目をあげ、休みを挟んで8月の新潟競馬では牝馬戦だが古馬1000万特別に出走し着差なしの2着に入っている。これならここでも通用するというのが僕の見立てだ。

大穴期待で⑭の単複と先にあげた⑤⑦⑧⑬の4頭へ馬連とワイドの流し馬券で勝負してみたい。……

さて、結果といえば⑭は5着。1着5着、2着5着では配当はゼロでした。とほほ。

※

ところで人間の思春期だが、自分の思春期を振り返ると赤面することが多く、できれば自分の歴史の中から消去してしまいたいほど恥ずかしい。よく人は、思春期とは「大人と子供の中間」だからというが、その言葉以上に思春期は醜く恥ずかしく愚かな時期だと思う。もちろん「それはお前だけの話だろう」と笑われても仕方がないのだがね。

思春期は醜い……中学生の頃は体も成長期で、自分の昔の写真を見てもなんだか顔がボーッと間延びをしている。そして顔がニキビだらけで黄色の膿が爆発して汚い。「俺はもう大人だぞ」と何の根拠もなく思い、それをきちんと他人に表現できない心が醜い。

思春期は異性が気になる……同級生や他のクラスの女の子、近所のお姉さんなどが気になって仕方がないが、何の会話も行動もできず、気になっていることを誰にも悟られまいとするのだが、他人から見ると何を考えているのかが丸わかりで、今となっては赤面するばかりだ。

思春期は自我がない……他人の言葉に敏感すぎるほど反応し、一生の一大事のようにくよくよと悩む。例えば友だちに「お前のズボンなんか変やなあ」などと言われると、具体的に何が変なのか考えず質問もできずその場はあいまいに誤魔化すのだが、一日中「俺はもうダメだ！」などと落ち込んで何も手につかない。

小学5年生の時、僕は自発的に「ピアノを習いたい」と親に頼み、ヤマハピアノ教室に通わせてもらい、2年もしないうちに『エリーゼのために』を発表会で弾けるようになった。ところが中学校に入学し、男の子はほとんどスポーツの部活をするようになり、僕もハンドボール部に入った。しかし決まった曜日にピアノのお稽古があるので、「ちょっと用事がある」といって部活を休んでいたが、ある時ピアノのお稽古に行くことが皆にばれてしまった。

「わあーっ、ピアノのお稽古やて、女みたいなやつやなあ」と言われたのが死ぬほど恥ずかしく、ピアノをやめてしまった。今にして思えば、やめるのはハンドボールの方だったね。思春期が恥ずかしいのは、「僕はピアノなど弾いたことがない」ことにしたかった心の動きと行動にある。母親が録音したテープや、発表会の写真などを皆捨ててしまったのである。当然母親は怒り悲しんだのである。

なんという恥ずかしいことをしてしまったのだろう。その録音テープや写真は僕のものではないのだ。親のものなのだということに当時はまったく気がつかなかった。それから数十年の歳月を重ねたが、重ねるほどにその恥ずかしい思いは強くなり、母親に申し訳なく、その一件を思い出すたびに僕は「母さんごめんね」と泣いてしまうのである。

またそのころ友だちが「お前、煙草吸うたことあるけ？」と訊くので、吸ったことなどないのに「おお、いつも吸うてるわ」と返した。すると「ほならこれ吸うてみいや」とハイライトを差し出すではないか。思春期の僕としては大人のふりをし、手慣れた様子で吸ったのだが、めまいでくらくらしてしまった。それを悟られまいと平気なそぶりをしたのが運のつきで、やがて中学生のくせに喫煙常習者になってしまったのである。続きは長くなるので次回に記す。

二〇一八年九月二三日　神戸新聞杯

菊花の栄冠に挑む最後のトライアル

菊花賞トライアルレースの神戸新聞杯である。昔は京都新聞杯が菊花賞の直近のトライアルレースであったが、京都新聞杯がダービー前に移行したため、唯一の菊花賞トライアルレースになった。ダービーの上位馬も登場し、このレースの結果が菊花賞に直結するとあっては、予想にも熱が入るというものである。

ところで牝馬の3冠レースは桜花賞、オークス、秋華賞で、場所も距離も異なるが、時に「牡馬3冠レースの皐月賞、ダービー、菊花賞」という言葉をマスコミで聞くことがある。これは大きな間違いで、この「牡馬の3冠レース」には牝馬でも出場できる。通常牝馬は牡馬より弱いので、馬齢の斤量も2キロ減が普通である。優秀な牝馬を擁する陣営としては、「牝馬だけのレース」を選んだ方がより稼げるので、いわゆる「牡馬の3冠レース」に挑戦する牝馬は少ない。

しかし、ウオッカのようにダービーを快勝した牝馬もいれば、２０１７年の皐月賞で一番人気に支持された牝馬・ファンディーナもいた。極端にいえば、牝馬は五大クラシックすべてに出場することができるのだが、牡馬は「牝馬の3冠レース」に出ることはできない。

さて、秋の大一番・菊花賞のトライアル神戸新聞杯を制するのはどの馬か。一番手はダービー馬③ワグネリアン、次が皐月賞馬⑧エポカドーロ、そしてダービー僅差4着の②エタリオウの三つ巴と世間では見ている。中でも②エタリオウは1勝馬。なんとしてもう1勝が欲しい。これが軸だ。僕は⑨アドマイヤアルバにも気があるので、これを加えて②から馬連・ワイドの各3点流しの勝負だ。……結果はワグネリアン1着、エタリオウ2着で馬券もきちんと当たった。

※

ところで神戸新聞杯に出てくる馬もまさに思春期であるが、前回に続いて僕の思春期の恥ずかしい話をしてみたい。前回、悪友の挑発にまんまと乗せられ、中学生にして喫煙の常習者となってしまった僕が、どうやって煙草を入手していたのかを記してみよう。なにしろ中学生なので親からもらう小遣いは一カ月に3百円しかない。その当時ハイライト20本入りが50円、新生20本入りが40円、ゴールデンバット20本入りが30円なのである。ピースの10本入りが40円なので高級な煙草といえる。もちろん手が出ない。

小遣いをもらったらすぐに煙草を買って、誰にも見られない下鴨神社の裏の森の中でこっそり吸うのが常だったが、当然のようにすぐ「たばこ銭」に困ることになる。友人に恵んでもらうこともあるが、頻繁にもらい煙草をするのは思春期でなくともプライドが許さない。

食卓に置かれた父親の煙草を1本くすねることもままあったのだが、ばれないようにするために気を使う。つまり残っている煙草が多くても少なくても、減っていることが分かりやすいので、20本入りだったら13本ぐらい残っている時がくすねても発見されにくいのだ。思春期といえども悪知恵は働くものだね。

そして僕はひらめいた「煙草を稼げばいいのだ」と。僕の行動は大胆不敵だった。徒歩15分圏内に「キング」とか「パラダイス」という名のパチンコ屋がある。そこで「稼ぐ」ことにした。学校が引けた夕方と日曜日が主な活動時間である。特に日曜日は午前十時に「開店サービス」があり、すべての台のチューリップが開いているのである。

１００円で玉を買い20台ほど打つと軽く元の5倍以上になる。それを煙草に交換すれば少なくとも元値の数倍の煙草が手に入ったのだ。後に読んだ孫子の兵法に「必勝を見て戦う、戦うや必ず勝つ」という一節を見つけて、なるほど必ず勝つ戦いとはこのようなものだったかと、勝手に悟ったのである。中学生だとばれて店からつまみ出される恐れもあるので、できるだけ大人っぽい服装を心がけた。しかし見破られて追い出されたことは一度しかなく僕の大人びた演技もまずまずだったのではないだろうか。

パチンコ屋で僕はごく自然に「出る台、出ない台、ある程度玉をつぎ込めば出る台、何をやっても出ない台」などを観察し憶えるようになった。当然孫子の兵法を生かし「出る台」で煙草を稼いでいった。

しかしやがて玉を現金に交換する方法を知り、当時は違法だった「換金」をするようになった。現金があれば煙草以外にも使える便利さは子供でも知っていたからね。

事件も起きた。換金できる商品は店によってさまざまだったが、よく行った店の換金商品はライターの石だった。パチンコ屋の近所の路地奥に小さな小屋があり、四角い穴が開いていてそこに商品を入れると、中のおじさんもしくはおばさんが現金を渡してくれるのである。

ある冬の日、珍しく行列ができており、僕が並んでいるとなんとすぐ後ろに、中学校で僕のクラスを担当している英語の教師がついたのである。目が合うと先生は「こらあ〜」と小さな声で言ったが、なんせ同じ穴のムジナである。違法な換金の現場での鉢合わせでは、如何ともしがたかっただろう。僕の行為を公にすれば自分の行為もさらさなければならないのだからね。学校で僕はしばらくびくびくしていたが、予想通り何も起こらなかった。

やがて僕はその先生とはなにか悪事を共有しているような感情を持ったのだが、先生は「あいつは見かけによらず、不良だなあ。まあ、ろくな人生は送らないだろう。あまり関わりは持たないでおこう」とでも思っていたのは間違いないと思う。

煙草銭欲しさに悪の道歩む

二〇一八年九月三〇日　スプリンターズステークス

馬も酒もスプリンターが面白い

お酒の話はたびたび書いたので「この呑み助めが」と思われるかもしれないが許されたい。五十歳ぐらいまでの僕は常に「酒飲みのスプリンター」だった。もちろん自称である。初めて酒席でお会いした方には必ず驚かれる。「こんなに早くお酒を飲む人を見たことはない」と言われるのが常である。ただ言い訳をすると、その日の体調の良し悪しはあるけれど、自分の酒量はだいたい一定している。酒席に臨む際はその日の飲むペース配分を決める。最初にダッシュをかけるか、後で追い込むか、それとも平均ペースでいくか、ということなのだ。まるで競馬の騎手みたいだね。で、さもしくも早く酔っ払おうと、ダッシュをかけることが多いのだ。

酒飲みというものは必ず居汚くぐだぐだと長時間飲むのが常であるが、僕はどちらかというと「さっと飲んで、さっと帰る」タイプである。また家呑みならば、「さっと飲んで、さっと寝る」のが主義、というか習慣である。一番苦手で、悪酔いをする確率が多いのが、多人数での宴会や飲み会などである。

特にすすめ上手という御仁がいると、自分のペースが乱され体に応える悪酔いをしてしまう。

さらに予定していなかった2次会・3次会に、断りきれずになだれ込むことになると、これは必ずといっていいほどひどい二日酔いに陥ったものである。つまり「本日飲む量」を一次会で満たしてしまうと、あとはぐずぐずと二日酔いのコースをたどることになるのだ。「今日は帰ります」ときっぱり言えない、持って産まれた「情緒に流されやすい性格」が災いするのだね。

※

大学生の時にビル掃除のアルバイトをしていた。オフィスの床を洗剤で洗い、ワックスがけをする大掃除である。ほとんど平日の夜間か土日の昼間の作業であった。まずオフィスの椅子やくず籠を机の上に乗せてほうきでごみを集め、モップで床に洗剤を撒く。ポリッシャーというブラシが回転する機械でくまなく汚れを落とす。「カッパキ」と呼んでいたトンボ型の器具で汚れた洗剤を集め、大きな塵取りですくい取りバケツに移す。その後床をモップで水拭きし、乾いたらワックスをかける。結構大変な肉体労働だった。

掃除の現場には事務所から道具を積んだ車で移動することが多かったが、時には現地集合現地解散ということもあった。そんな時はたいてい鉄道を利用するのだが、帰りの駅の売店では必ずワンカップのお酒を2本買って飲んだものだ。実はその味わいが数十年たった今でも忘れられない。

まず1本目を二口か三口で飲んでしまう。時間にして30秒ほどだろうか。ふうっと息を吐き、眼を閉じてじっと動かず感覚を集中させて1分ほど待つと、鼻腔の奥にアルコールの匂いが湧き上がってくる。脳にも酔いの感覚が染み渡りだすと「来た来たっ」というように感じるのだ。その酔い始めの感覚を味わいながら、2本目のカップを5口から10口ぐらいで飲み干すと、なんとも良い気分で帰途につくことができる。この至福の時間、至福の感覚が今も忘れられないのである。

誤解を恐れずにいえば、頭脳労働より肉体労働はいいぞ、ということである。なぜなら「体を使って働いた後の酒は本当に美味い」からだ。デスクワークのサラリーマンも退社後に仲間たちと飲むビールの一杯は美味しいだろうが、それは疲れた肉体だけでなく心も解放され、さらに仲間と本音で語らう喜びがあるからで、本当に五体に染み渡る酒の味を純粋に味わいたいのなら、肉体労働後の飲酒に勝るものはないと思う。

ただし、若い肉体に限るのだ。今や僕は60歳代になり、ちょっとした庭のごみ集めなど、軽い肉体労働でも疲れてしまう。老いて疲れた体では酒は美味くない。やはり若い肉体を思いっきり動かした後の酒は格別だと、歳をとってから分かったのである。僕は声に出して言いたい「若者よ肉体労働をせよ。その後に飲む酒は五臓六腑に染み渡る美味さだぞ」と。しかし、今の若者は酒をあまり飲まないらしい。時代が変わってしまったのだね。少し寂しい。

※

さて、秋のG1レースの皮切りはスプリンターズステークス。今年の見どころは前哨戦を鮮やかに勝ち上がった⑧ファインニードルと⑫ナックビーナスの一騎打ちだろうということだ。しかし、これは世間一般の見方だ。そんなに簡単に決められては僕の頭脳は何の必要もない。まずその組み合わせは抑えるとしても、勝負は別の馬を絡めて見たい。

僕の狙いは2頭いる。⑪セイウンコウセイと⑮ムーンクエイクである。⑪はG1馬でもあるし、騎手の池添はG1でよく穴をあける。そんな騎乗に期待する。⑮はルメール騎乗が頼もしい。特に⑮は前走人気を背負いながら出遅れて惨敗しているので人気が落ちる点が魅力である。負けたといってもたった1秒だ。これは逆転できるタイムである。

さて馬券だが単勝と複勝はルメールの腕っぷしに期待をかけて⑮番。馬連とワイドは用心深く先にあげた⑧⑪⑫⑮の4頭ボックスを買いたい。ルメールと池添のワンツーに大いに期待をしている。……さて、結果は⑧ファインニードルが春秋スプリントG1連覇だったが、一番人気が来る時は2着に人気薄が入るというセオリー通りだった。残念だが外れてしまった。

一気飲み五臓六腑に染み渡る

二〇一八年十月七日　毎日王冠ほか

心が躍る競馬の季節がやってきた

十月の第一週の競馬番組が充実している。レース順に、七日は東京競馬場の毎日王冠、同日夜中にフランスのパリロンシャン競馬場の凱旋門賞、八日には京都競馬場で京都大賞典が、続いて盛岡競馬場ではマイルG1の南部杯と2日間で目を離せないレースが4つと豪華版である。

毎日王冠は安田記念クビ差2着の⑨アエロリットの1着は固そうだ。2着候補はNHKマイルを勝った②ケイアイノーテック、エプソムカップを勝った④サトノアーサー、皐月賞馬エポカドーロを負かした⑤ステルヴィオ、東京コース5勝の⑦ダイワキャグニーの4頭で固そうだ。⑨から馬連の流しで馬券を買ってみたい。あまり儲からないかもしれないが資金を増やすという気持ちで挑みたい。

凱旋門賞は連戦連勝の馬が3頭。⑤ヴァルトガイスト、⑩エネイブル、⑲シーオブクラスである。この3頭の馬連ボックスを買い、深夜の中継を楽しんでみたい。凱旋門賞は日本馬が過去5回2着に入っているが、今回は⑨クリンチャーが出走している。しかし過去の2着馬と比べると明らかに格下であり、実績も不足しているではないか。カモだね。僕は買わない。

京都大賞典は普通なら②サトノダイヤモンドと⑧シュヴァルグランの一騎打ちだと思う。しかし、サトノダイヤモンドの精神が前向きになっていなければ、ベテラン老女⑨スマートレイアーが食い込むだろう。馬券は⑧シュヴァルグランから馬連2点勝負だな。

マイルチャンピオンシップ南部杯は中央所属の馬が7頭出ている。地方所属の馬には失礼だが、力が違いすぎる。基本的には7頭立てと考えるべきだろう。僕の気持ちは南部杯を2度制している④ベストウォーリアを応援したいが、いかんせん歳をとりすぎた。往年の力を望むのは酷だろう。それならルメールの乗る⑦ゴールドドリームとデムーロの乗る⑫ルヴァンスレーヴの一騎打ちに期待したい。馬券は馬連⑦⑫の1点勝負だ。

この二日間の3レースで稼いだ資金を全てこの最後のレース・南部杯に投じてみたい。……、と考えていたのだが、まず毎日王冠は4点買って6・7倍を的中、凱旋門賞は3点買って5・9倍の的中、京都大賞典は2点勝負で外れてしまった。この二日間の3レースで9点購入12・6倍の配当を得た。この配当を全て南部杯の馬連⑦⑫に賭けてみた。本当は儲けた分を賭けると外れても損はしないのだが、なんとなくつまらないよね。

で、南部杯は当たったのだが配当は1・4倍だった。さて僕はいくら儲かったのだろうか。

※

僕が競馬を始めたころは、馬券は競馬場か場外馬券売り場に行かなければ買えなかった。馬券も単勝・複勝・枠連複勝の3種類だった。枠連はその組み合わせごとに窓口があり、例えば4-5を買いたければその札を掲げた窓口に行って買うのである。したがって何種類も買いたければ、それぞれの窓口で買わなければならないのだ。当然一番人気の組み合わせの窓口は混雑するので、複数の窓口で売っていた。逆に大穴馬券の窓口には客は一人もいないことがあった。

その時代に比べると、現在は隔世の感がある。中央競馬だけでなく、地方競馬の馬券も買える。今回のように日本馬が出走する海外競馬の馬券も売り出している。馬券の種類も多く、自分の好みに合わせて買えるのだ。しかも自宅のパソコンからも、出先の携帯電話やスマートフォンからも購入することができる。全ては携帯電話とインターネットの普及のおかげである。

しかし、光があれば影が生じるのは仕方がない。インターネットを悪用して犯罪すれすれの行いをする悪い人も登場する。僕もさんざん被害にあった。一例をあげると悪質なアダルトサイトに引っかかったことがあるのだ。きっかけは忘れたが、あるアダルトサイトの利用規約を読もうとして、そのボタンをクリックしてしまったのだ。

すると「ご入会ありがとうございました」と大きく太く派手な色の字が画面一杯に出現したのだ。その下に「入会金3万円、年会費5万円を下記口座にお振り込みください」とある。会社名らしきものと電話番号も書いてある。これは大変、すぐに断ろうと電話をしたのだが、これがいけなかったのである。

後から知ったのだが、このような場合は徹底的に無視をするのが一番良い対処法なのだが、御人好しであわて者の僕は電話で「間違えてボタンをクリックしたので、入会の意思はありません」と言ってしまった。つまり電話番号を相手に知られてしまったのだ。その電話番号から住所も名前も調べることができるのだから恐ろしい。

「入会の意思はありません」と言っても当然相手は譲らない。「自分たちはきちんとした会社」で、それなりのサービスをしているのだから払うべきだと言う。それで「ボタンを押した責任もあるので、千円払います」と言うと、相手はいきなりやくざな口調になり「千円なんて馬鹿にしやがって、なめてんじゃねえぞ」と凄むではないか。仕方がないので、「明日警察に行きますから」と言って電話を切ると、それからはかかってこなくなった。

しばらく後に、当時高校生だった二人の息子たちにことの顛末を話し、「君たちも気をつけたまえ」と偉そうに教えたら、「馬鹿じゃないの、そんなの無視するのが常識で、ボタンをクリックするなんて愚の骨頂だよ。困った親父だなあ」と逆に権威は失墜してしまったのである。

説教を逆手に取られ恥をかく

二〇一八年十月一四日　秋華賞

美少女たちの覇権争いも一強の壁厚く

桜花賞が女子中学生の争いなら、秋華賞は女子高校生の戦いである。今年はアーモンドアイの強さが際立っていて、1着は固そうである。距離に難があるロードカナロア産駒でありながら、オークスをあの強さで制したのだから、今回はさらに間違いがない、岩よりかたい本命馬といえる。このような場合相手は人気薄が入ったりするので、馬券はその辺りの取捨選択がポイントといえるだろう。

僕の狙いは⑪アーモンドアイからの馬連と3連単である。一着が固そうなのになぜ馬単を買わないのかといえば、このような超人気馬の馬単はリスクの割に配当は馬連と余り変わりがないことが多いからである。⑪アーモンドアイは先行するだろう、彼女より後ろに位置する馬よりは、前に行く馬の残り目を考えてみたい。なんといっても京都の内回り、先行有利だからね。

内から②カンタービレ、⑦ラッキーライラック、⑬ミッキーチャーム、⑱ダンサールの4頭を相手に馬連と⑪1着固定の3連単で勝負だ。

さて、結果といえば馬連、3連単が的中。展開はちょっと予想と違ったが懐は大満足。

※

ところで人に「あなたが美少女だと思う人を一人あげてください」と言えば、あまりにくくりが緩く、人それぞれにばらばらの名前が上がるだろう。「若い頃のお母さん」というマザコン男や、「少女の頃のお姉さん」と答えるシスコンもいるだろうなあ。

この前友人に同じ質問をしたら「小野小町の若いころ」と答えた変人がいた。その理由はと聞くと「絶世の美女の少女時代は可憐で美しくしとやかに決まっているだろう」という。「見たこともない話をするな」というと「夢見る自由は誰にでもある」と屁理屈を覚えたての中学生のようなことを言うのである。

それはさておき、秋華賞が行われた京都にちなみ、僕は美少女の頃の沢尻エリカをナンバーワンにあげたい。2005年に公開された、京都を舞台にした青春映画『パッチギ』の準主人公である。監督は井筒和幸。舞台は京都。主人公は公立高校二年生の男子で17歳。朝鮮高等学校の生徒とのもめ事に巻き込まれながらも、朝鮮高校の美少女・沢尻エリカに心を奪われる。京都市内を舞台に少年たちが、スポーツ、音楽、恋愛に集団での乱闘と、忙しく青春時代を駆け抜けるのである。

僕がこの映画を好きなわけは、沢尻エリカの美少女ぶりもさることながら、主人公の高校2年生は、まったく僕の経験と重なるからである。時代設定は一九六七年、歳がばれてしまうが、僕も主人公と同じ歳だったのだ。しかも京都の公立高校の2年生。『パッチギ』の主人公は僕なのだ、と入れ込んでしまうのも分かっていただけるであろうか。

じゃあ「お前も沢尻エリカ並の美少女と恋をしたのか?」とからかわれると、「そうだとも言えるし、そうでないとも言える」としか答えられない、主観的なことだからね。でもこの映画には南北朝鮮の分裂を悲しむ歌『イムジン河』をフォークル(ザ・フォーク・クルセダーズ)が歌うエピソードが出てくる。放送禁止歌になっても若者たちの間に歌い継がれたこの歌を、僕はリアルタイムで経験していることをはじめ、映画に出てくる多くのことが、自分の経験とピッタリと重なるのである。

個人的な映画ベスト20を上げろといわれると、『パッチギ』を必ず入れるだろうと思う。それはフォークルを夢中になって聞いた時代が甦るからである。『帰ってきた酔っ払い』『悲しくてやりきれない』などは今でも口ずさむことがある。

沢尻エリカはその後舞台挨拶を「別に……」とふてくされて、あっという間に美少女俳優からスキャンダラスな女優として有名になった。なにかと毀誉褒貶の多い女性として、全国民から親しまれているとはいえないが、僕は好きだ。

しかし、つい最近のテレビドラマ『ハゲタカ』で沢尻エリカは日光のホテルオーナーとして、苦労を乗り越える役を演じていた。スキャンダラス女優の面影はなく、正統派の美人女優であることを再認識させてくれた。しかも味わいのある演技だった。

僕は彼女が大女優になってくれることを願っている。美人大女優として初代水谷八重子、高峰秀子を例に挙げると、古すぎるよと非難を浴びそうだが、綺麗だったよね。そこまで例は古くなくとも岩下志麻ぐらい出世をするとうれしいなあ。

美人薄命という、女優の故夏目雅子はまさに美人薄命であった。かつての大女優原節子は、老いた自分を人目に晒したくなかったのだろう、鎌倉でひっそりと人目を避けて暮らしていたという。夏目雅子はその美しさ、可愛さだけを人々の記憶に残してあの世に旅立ってしまった。

僕は沢尻エリカの晩年を見ることは出来ないだろう。しかし美人で可愛いお婆さん女優になってもらいたいと思う。今なら八千草薫が理想に近いかなあ。

競走馬も自分の好みの馬が大レースで活躍をしてくれると、応援のし甲斐があるというものだ。しかも2歳、3歳のうちに見つけ、そしてできれば人気がないうちにファンになり、応援と共に活躍してついにG1勝つというのが贔屓としては理想のパターンなのである。だから、まだ海のものとも山のものとも分からない新馬戦も楽しみに見ているのだ。

美女集う夢かうつつか幻か

二〇一八年十月二一日　菊花賞

上田秋声も嘆く酒飲みたちの「菊花の契り」

中央競馬のレースの中で、菊花賞こそが一番のレースであると思っていた時期が割と長かった。つまり三冠馬を尊ぶ競馬の格言で「皐月賞は最も早い馬、ダービーは最も運の良い馬、菊花賞は最も強い馬が勝つ」というものがある。僕は長年その言葉を鵜呑みに信じていたきらいがある。中でも「最も強い」という言葉に、自動的に精神がしびれていたともいえる。

今でこそ、スプリント戦やダート戦などそれぞれの面白さを堪能しているのだが、ある時期は最高・最大のレースは菊花賞であった。僕もまだ若く、競馬(馬券)仲間もたくさんいた。そんな仲間が集まる酒場では、ダービー、天皇賞、有馬記念などのビッグレースの前夜は大盛り上がりだった。中でも3冠の最終戦・菊花賞は僕たちの中では一番盛り上がるレースだったのだ。

競馬ファンであれば、ＰＯＧ(ペーパーオーナーズゲーム)を一度はしたことがあると思う。僕も最初は会社の友人と自分の好きな馬を10頭選び、稼いだ賞金額を競っていた。やがて友人の兄弟、またその友だちと好き者の輪が広がって、多い時は10人ほどで競うようになった。

まず、ドラフトと称して自分好みの種牡馬を登録するのであるが、プロ野球のドラフトと同じように種牡馬を「指名」し、重なったらくじ引きで決めるというイベントを、毎年同じ時期、同じ居酒屋に集合して行うのである。僕が事務局長となり、みんなの登録種牡馬と未出走の競走馬を登録し、出走したらその稼ぎを記録するのであるが、その事務作業が割と煩雑なのである。誰がどんな馬を登録し、どれほど稼いだのかを毎週知らせなければならないのは面倒な仕事だった。

本当の馬主と同じで、一生未勝利で終わるかそれとも三冠馬になるか、天国と地獄の差が生じることもある。公式には賭博は罪なので金銭のやり取りはないのだが（本当か）一位と最下位では登録馬が稼いだ賞金額は結構大きな差になったものだ。

そのＰＯＧ仲間たちの行事は種牡馬のドラフトの他に、菊花賞の観戦というイベントがあった。京都の旅館に一泊して、大いに酒を飲み、菊花賞の予想を語ろうというものだ。僕たちはそれを「菊花の契り」と称していたが、上田秋声はともかく、きちんとした文学ファン、文学研究者が聞いたら、まず笑われるだろうね。もちろん恥ずかしながら、そんなアカデミックな知り合いは誰にもいなかったので心配することはなかった。

※

ある年のことである。夕飯を食べに（酒を飲みに）町に繰り出した。どこで何を食べたかは忘れてしまったが、花見小路あたりのカラオケスナックに場所を替え、飲めや歌えの大宴会になった。もちろん合間には、明日の菊花賞はどの馬が勝つのか、という予想が花開いたことは間違いないと記憶はするのだが、飲み過ぎがたたりはっきりとは憶えていない。

実はこの仲間たちの中には元競馬記者、現競馬記者、フリーの競馬ライターがおり、彼らが言うには栗東の騎手や厩務員たちが遊びに行く岡場所を見学しにいかないかと言うのである。あまりの悪趣味に僕は反対したのだが、「行くだけ、眺めるだけ」だと言うので、彼らが羽目を外さないよう監視するつもりで同行したのである。

タクシーに分乗し京都から一山越えて琵琶湖のほとりにある有名な岡場所を見学し、旅館に戻ると旅館の番頭はかんかんに怒っているではないか。その旅館は本能寺の裏手あたりの街中にある普通の商人宿で、門限があったのである。実は門限は知ってはいたのだが、みな大いに酔っぱらってしまい、連絡もせずに門限破りの朝帰りをしてしまったのだ。

この宿は、僕の愛妻君の母親が懇意にしている呉服商の知り合いということで紹介してもらっていたので、誠に恥ずかしい限りであった。「すみません」と小さくなって朝食を摂り、京都競馬場に出かけたのだが、馬券の成績は散々だったような記憶がある。

翌年、また同じメンバーで菊花賞観戦にでかけ、同じ宿に泊まったのだが、またもや同じ間違いを繰り返し、門限を破り朝帰りしてしまった。ついに宿の番頭からは「翌年の宿泊はお断りいたします」と引導を渡されてしまった。以来「菊花の契り」のイベントは行われていない。

※

さて、今年の菊花賞だが、ワグネリアンが出ないのは画竜点睛を欠くきらいがある。「菊花賞は一番強い馬が勝つ」の格言は古びてしまったようだ。先週のアーモンドアイもワグネリアンも天皇賞、ジャパンカップを見据えているのだろう。しかし、それでもレースがあるなら勝つ馬がいるはずである。僕の本命は、皐月賞でもダービーでも本命にした⑤エポカドーロである。

神戸新聞杯は痛恨の出遅れが敗因である。今度は出遅れても取り戻せる長距離戦だ。落ち着いて先行すれば、ダービーで見せた驚異の粘りが発揮されるはず。直線に坂のある東京コースのダービーであれだけ粘れたのだから、今回は鉄板の大本命に押したい。

相手は上位人気だが③ブラストワンピース、④ジェネラーレウーノ、⑥メイショウテッコン、⑨エタリオウだと思うが、大穴で⑮オウケンムーンを加えたい。どうしても春の3連勝が忘れられないのだ。

馬券はエポカドーロの単勝と馬連5点流しで勝負をしたい。

結果といえば、僕の上げた5頭はエタリオウだけが頑張ったのだが、1着も3着も買っていなかった。勝った馬のキャリアでは僕には到底買えなかった。菊花の夢無残に破れるだね。

もう来るな怒る番頭朝帰り

二〇一八年十月二八日　天皇賞

秋天の府中競馬の天皇賞 契りを交わす男女ありとか

はるか昔、学業に励み、将来に向けて星雲の志を胸に秘めていた大学生のころ、ちょっと矛盾するようだが僕は馬券買いにも勤しんでいた。血統やレースタイムなどを一生懸命研究するので馬券成績は良く、回収率は年間１２０％を超えることもあった。まず大きな損はしなかったが、大きな儲けもなかった。

僕が大学一年生の時、父が交通事故で亡くなり、生命保険も入っていなかったので、住む自宅はあるが裕福とはいえなくなり、従って学業もアルバイトも並行して頑張らなくてはならなかった。バイトは縁があって地図の出版社から不動産屋さんに掛ける住宅地図を数十枚預かり、平日は大学の近所で売っていたのだが、背広にネクタイ姿のセールスマンは性にあわず、たまたまセールスに飛び込みこんだ清掃会社に「作業員求む」の札がぶら下がっており、翌日から鞍替えしてしまった。清掃は基本的に夜の仕事なので、学業とはきっちり両立するのも魅力だった。

僕は学校の先生になるか、書籍の編集者になるのが目標だったので、真面目に学校に行って単位取得に励んでいたのだが、土日は馬券でひと儲けしようと励んでいたわけだ。他人から見ると不良学生なのだが、本人はいたって真面目に収入を増やそうとしていたのだ。

ひょんなことから僕にガールフレンドができた。教室の机に座ると、前の講義を受けた学生のテキストが机の中に入っていた。忘れものだ。見ると同じクラスの女の子の名前が書いてある。調べてみるとバイト先の掃除屋に行く途中にある、女子学生会館に寄宿しているとのことである。ならばついでと、届けることにした。お礼にと後日表参道のおしゃれな喫茶店でお茶をごちそうになり、いろいろな話をしたのだった。若い時は次々に話題がでてくるものなんだね。話しても話しても時間がたつことを忘れて、僕たちは森羅万象の話題に話がはずんだ

※

それから4年後の1976年秋の天皇賞。僕たちの関係は友人から恋人になっていた。この秋の天皇賞で僕はアイフルという馬に全財産を賭ける。この馬が勝ったら結婚をしよう。二人の間ではそう約束がされていたのだ。当時の天皇賞は3200mの長距離戦。アイフルは7枠10番4番人気だった。

アイフルの父はセダン。デビュー戦は1着同着だった。相手の馬もセダンの仔・シンストーム。何か因縁めいていてこの2頭の馬を忘れずに追いかけることにした。早々と出世したのはシンストームだっ

たが、アイフルは「追い込んで届かず万年2、3着」と評論家からさげすまれるほどの、典型的な追い込み馬でなかなか出世できなかった。

彼女は親しい友人や知人に「アイフルが天皇賞に勝ったら結婚するの」と公言していたので、それを知っている人々はドキドキしながらレース観戦をしただろうと思う。彼女といえば何度も明治神宮にお参りをし、アイフルの必勝を祈願していたのである。

赤羽秀男、菅原泰夫と乗り役は変わり天皇賞ではオークス男と呼ばれた嶋田功が手綱をとった。この人選が功を奏したのか、いつもの追い込みではなく、4コーナーでは先頭集団におり、難なく抜け出して、錚々たるライバルたちをしり目に勝利をしたのだった。さあ、僕たちがお祭り騒ぎになるのも仕方がないであろう。

僕は自分の全財産、といっても5万円だが、単勝馬券に賭けていた。配当は8・2倍だったのでおよそ40万円になった。それを結婚資金として定期預金に入れて置いたのだが、次第に取り崩して飲み代に充ててしまい。本当に結婚するときには0円になってしまっていた。40年以上たった今でも愛妻君にはじくじくと「結婚資金を飲んでしまった」と言われる始末である。

天皇賞馬アイフルは種牡馬になったのであるが、配属先は南九州・鹿児島の種馬所である。僕たち夫婦の新婚旅行先は宮崎である。何も知らない人は「ああ、あの新婚旅行のメッカね」と思っただろうが、僕たちの目的はアイフルに会いに行くことだった。リンゴをひと箱買い込み、日豊本線の岩川という寂しい駅から車で20分ほど登った山間に種馬所はあった。

激しい性格と思っていたアイフルは優しく人懐っこい性格だったのが意外だったが、種付けは嫌いだそうで、これでは種牡馬としての道は険しいなあと思ったものだ。それでも鼻筋をなぜ、胸前をなぜ、頬をなぜると「これでいいのだ、幸せになってくれよ」という思いが胸いっぱいに広がり、思わず涙ぐんでしまったのである。

※

そんな思い出の秋の天皇賞は今では２０００ｍで行われている。これはこれで大迫力なので、今年も楽しみである。僕はどうしても⑤スワーヴリチャードが宝塚記念でなく安田記念を選んだことが気になってしまう。安田記念で勝つならともかく負けちゃたんだもんなあ。④レイデオロが無難な本命馬で⑥マカヒキ、⑦アルアイン、⑨サングレーザー、と人気は続くけれど、僕の狙いは⑪ミッキーロケットだ。ちょっと距離不足の気もしないでもないが、前走の宝塚記念の勝利を評価したい。馬券はミッキーロケットの単複と前述の5頭に馬連流しで勝負したい。

さて、結果といえばミッキーロケットは直線追えども届かずの5着。これでは馬券が当たるはずもない。大惨敗を喫してしまった。

二〇一八年一一月四日　ＪＢＣシリーズ

地方競馬の祭典がＪＲＡの京都でだって

地方競馬が主催し、米国のブリーダーズカップに範をとって、ダートの中距離、短距離、牝馬戦の3部門の頂点を決めるため、生産者が主導して実施する「ＪＢＣ競走」の3レースである。それぞれＪＢＣクラシック、ＪＢＣスプリント、ＪＢＣレディースクラシックと命名され、2001年から地方競馬の競馬場で持ち回り開催されている、ＪＲＡ所属の馬も出られる交流競馬である。

ところが今年はＪＲＡの京都競馬場で開催されるという。なぜだかはよくわからない。過去の開催を見てみると、大井競馬や川崎競馬などほぼ関東圏を中心に、盛岡、金沢、名古屋で行われている。関西圏は2008年の園田競馬場開催されただけである。関西で開催したいとなると、ＪＲＡの競馬場を借りるしかないのだろうと思う。

それはともかく、一日にダート重賞、しかもＧ1が3レースあるというのはワクワクするものだね。

詳しく調べてみたわけではないが、どのレースもＪＲＡ所属の馬、つまりお馴染みさんたちが上位を独占するので、それも楽しみの一つなのである。地方競馬所属の馬はいっては悪いが、ＪＲＡ強豪勢の露払い的な存在である。

それでも地方競馬には、かつてメイセイオペラ、コスモバルク、アブクマポーロなどの強豪もおり、彼らが中央競馬に出走すると観衆の熱気も普段より高まったものである。日本人の持つ「判官びいき」の感情も大いにあったのだと思う。今回はそんな「強い地方馬」が出走しないのが少しさびしい。まあ馬券は取りやすいのではあるけれどね。

※

ハイセイコー、オグリキャップは地方競馬で活躍し、中央競馬に移籍してもＧ１レースで大活躍をした馬で、ファンも多かった。オグリキャップは１９８９年のジャパンカップでホーリックスと同タイムの２着に敗れたが、東京競馬場の２４００ｍで記録した2分22秒２というレコードタイムは、数十年は破られないのではと、びっくりした思い出がある。ちなみに枠連も２－２と決まり、何やら数字の2がやたら揃ったレースだった。

僕が競馬を始めたころ、「馬券修行」と称してよく南関東の4競馬場に通った。競馬新聞を買わず、パドックで馬を見て、その良し悪しで馬券を買うのであるが、これが全くといっていいほど当たらない。一応パドックでの馬の見方などを雑誌や書籍で勉強はしたのですよ。僕がパドックを軽視するのはこの時の経験が大きいからだと思う。

素人の僕が見て「これはだめだなあ」と思う馬がぶっちぎって勝ったりすると、精神的に相当参ってしまう。例えば10月なのに水道の栓が壊れたようにぽたぽた汗を流して興奮している馬が、いとも鮮やかに楽勝をしてしまうと、馬券が外れた悔しさよりも自分の目、自分の判断は何だったのかと自己嫌悪に陥ることが多かった。

当時の地方競馬は俗にいう「ガラが悪い」場所であった。僕のような若者はどこにもおらず、ウイークデーの真昼間から酒を飲んでギャンブルをする「荒んだ」ように見える人たちが目についた。もとよりウイークデーが休みという職種の人や、夜の仕事の人もいたのだろうが、「ガラが悪い」と見えるのは僕の偏見だけではないと思う。怪しげなコーチ屋やノミ屋もよく見かけたし、実際「兄ちゃん俺は馬主の関係者だ。このレースの勝ち馬は分かっているから教えてやろうか」と声もよくかけられた。

ある年の大井競馬の東京大賞典に女子大生だった愛妻君を連れて行ったことがある。カブラヤオーが好きだった彼女に、「カブラヤオーの父と同じファラモンドの仔ゴールデンリボーを見に行こうよ」というのが誘い文句だった。ゴールデンリボーは南関東の三冠馬で公営競馬のスターだったのだ。そんな特別な日であったのだが、愛妻君のような若い女性は大井競馬場には珍しく、「女だ、若い女がいるぞ」という声がいくつか聞こえてきた。そのゴールデンリボーは惨敗したのだが、中央競馬にはない雰囲気や食堂のモツ煮込みなどを楽しんだりして、良い思い出になっている。

地方競馬は徐々に廃止され廃れてしまうと思っていたが、どっこいナイター競馬や施設の充実、イベントの開催など生き残りを工夫して復活してきた。しかし何といっても一番の功績はインターネットでの馬券発売だろうと思う。手軽にいつでもどこからでも馬券が買えるのは、競馬ファンにとってはありがたい仕組みなのだ。

※

さて、JBC3レースの一番手はスプリント。狙いは⑤マテラスカイと④キタサンミカヅキの一騎打ちというもの。馬連・ワイドで勝負。結果は2着3着でワイドが6倍近く着いたのでまずまずであった。メインのクラシックは⑧ケイティブレイブから人気上位の馬に馬連で流したのだが、2着の⑭オメガパフュームは買っていなかった。3歳馬は10年前に馬券に絡んだだけなので、安易に消してしまったのだ。大失敗。気を取り直して最終戦のレディースでは、ルメール&デムーロの2枠から枠連で5点流したのだが、結果は2－8となり的中するも配当が5倍ちょっとでは元取りでチャラだった。安易に3歳馬を消さなければ損なしで終わったのに、反省です。

モツ煮込噛みしめ楽しむ草競馬

二〇一八年一一月一一日　エリザベス女王杯

ああ思い出のクイーンスプマンテ

酔うこと自体を楽しむのが僕の酒の流儀なので、基本的にはアルコール類なら何でもいける。普段はビールか缶酎ハイ、その後ワインか日本酒、最後にウイスキーか焼酎のロックというのが週末のコースである。血液検査の数値、主に肝機能と中性脂肪だが、それをコントロールするために、ここ数年金曜日を除くウイークデーは「飲まない」ことに決めている。

余談だが、僕の中性脂肪値の高さは専門医もびっくりするほどなのである。正常値は150以下なのだが、20歳代後半から700、800は当たり前で、人間ドックなどに行くと必ず検診医に「再検査、要治療」と言われる始末である。すべてはアルコール摂取が原因なのである。

それが分かったのは40歳過ぎたばかりのころ、中性脂肪の検査数値が何と2450を記録したのである。それを見たお医者さんはびっくりして「これはアルコール性肝炎を患って死んだ人の血液を調べるとこんな数値が出て、ああっやっぱりなあと納得するので、あなたはこれで普通に生きているのだから、特異な体質と言っても良いと思います」と、褒められたのだか貶されたのだか分からないような言われようだった。

「俺は飲んで飲みまくって50歳前に死ぬ」なんて若いうちは粋がって言ってはいたが、これが本当に近づくと、やはり怖くなった。だって二人の息子はまだ小学生だし、せめては彼らが成人になるまでは生きていたいと人並みに思ったのである。そこで3カ月禁酒をすることにした。3カ月禁酒をしても数値が下がらなかったら、これは自業自得であり甘んじて運命を受け入れなければならないと、やや悲壮な決心をしたのである。

するとなんということでしょう。3か月後の検査数値は169に下がってしまったではないか。「なあんだ、飲酒量をコントロールすればいいだけじゃん」と一安心して、それ以来数値が上がっては飲酒を控え、数値が下がると安心して飲みまくるという習慣になってしまい、今に至るのである。

酒飲み友達の中性脂肪検査数値自慢という、疑問符がつく自慢があり、ある人、この人内科医さんなのですが、「俺は1500いったことがある」と自慢そうに言うので、僕の最高値を言うと「そんな数値は聞いたことがない、負けたよ」と感心されたことがある。そんなわけで年をとってしまった現在は、週の前半4日は飲まず、後半の3日はありがたく飲むことにしているのである。

※

何かうれしいことがあった日、例えば馬券がばっちり当たった日はいつものコースより、ちょっと上等なご褒美としてシャンパンが飲みたくなる。ところがシャンパンはお値段が張るのですね。近所のワインショップ&地酒屋さんに行き「4000円ぐらいのシャンパンはありませんか」と聞くと、蔑んだような言い方で「6000円以下のシャンパンなんてありませんよ」と言われ、少し屈辱感を味わったことがある。

そこでシャンパンよりやや味は落ちるが、スペイン産のスパークリングワイン「カヴァ」や、イタリア産の「スプマンテ」をインターネットで仕入れるようになった。これらは1本千円以下で買え、味もまずまずなのである。半ダースほど購入し、月に一回ほどのペースで楽しんでいる。

そんなわけでスプマンテに親しんでいた僕は、数年前のエリザベス女王杯の馬券を検討した際、一も二もなくクイーンスプマンテに目をつけたのだった。理由はいくつかある。僕の競馬セオリーに「前回逃げてボロ負けした馬を再度狙え」というものがある。そのセオリーに当てはまるのと、「後続に大本命がいる場合、他の馬はその本命馬をマークするので逃げ馬は有利である」という一般的なセオリーにもあてはまっていた。さらにエリザベス「女王」杯にちなみ、名前に「クイーン」がついているし、親しんでいる「スプマンテ」でもあるし、これを買わなければ何を買うのだ。そんな気分に一週間前からなっていた。

もちろん大本命はブエナビスタである。僕は逃げ馬クイーンスプマンテの単勝と複勝、ブエナビスタへの馬連と馬単で勝負した。いやはやスタートからゴールまで興奮したなあ。ただ、2番手のテイエムプリキュアが2着に粘ってしまい、ブエナビスタは3着だった。典型的な逃げ馬の穴馬券であったが、ブエナビスタが2着に入っていてくれたらなあと、今でもぐじぐじ思っている。でも、75倍の単勝馬券なんて滅多に取れるものではないので、一生の思い出になっている。

さて、今年のレースだが、⑦モズカッチャンが人気である。昨年は5番人気で単勝をばっちり当てた恩義のある馬だ。今年もぜひ買いたい。昨年2着に入り大穴をあけた立役者⑨クロコスミアも出てきた。昨年同様人気はなさそうだ。僕はこの2頭のリピートに期待をし、「クイーン」のつく②フロンティアクイーンを加え、3頭の馬連ボックス、ワイドボックスで勝負したい。3連単のボックスも少額投資だ。

結果といえば⑦-⑨のワイド馬券を当てたのみである。しかし配当が16倍近くついたので、全体としては儲かったのであるが、ワイドはあくまでも保険の意味なので、的中したとは威張れない。ところで京都競馬場では第1レースからメインレースまで外国人騎手が1着をとった。これはちょっとした記録だろう。連中の騎乗技術はやっぱり上手だと、つくづく感じた一日だった。

大穴の的中嬉しスプマンテ

二〇一八年一一月一八日　マイルチャンピオンシップ

ああ青春の勘違い。僕の500マイル

有名なフォークソングに、ピーター・ポール&マリーの『500マイル』がある。今でも時々口ずさむこともある、単純なフレーズの繰り返しなのだが、なぜか哀愁に満ちており、僕の大学受験期の孤独な寂しさにぴったりの歌だった。京都の高校を卒業して予備校に通いながら受験勉強に勤しんでいたといえば、よく聞こえるだろうが、実は僕の回りは大変ざわめいていて、落ち着いて勉強できる環境ではなかったのだ。

高校生のころ友達に誘われて毎月一回行われている「べ平蓮（ベトナムに平和を市民連合）」のデモに参加するようになった。それがきっかけとなり、いろいろな学生運動をしている人たちと接触することになったのだ。中核派とか社学同というセクトからオルグ（僕みたいな社会運動に中途半端な興味を持つ人間を組織に引き込む役）が接触するようになった。

山岳部のOBとしては後輩の山登りにも何度か付き合わなければならず、その他の友人たちとの交遊

もある。僕は意志が弱いお人好しなのでいろいろな交流を断ることができなかったのである。これでは受験勉強に集中できるはずもなく、何とかこの環境を変えなければならなかった。そこで考えたのが「転地療法」である。たまたま父と姉が転勤や進学が重なり東京に住んでいたので、僕も京都から東京に脱出することにしたのである。『500マイル』をまねた移動だね。

これで落ち着いて受験勉強に集中できることになったのだが、一方で孤独感を強く感じるようになった。特に深夜自宅の窓から遠くを眺めると、「家々に灯りはついているが、そこには僕の知らない人しかいない。僕が親しく話せる人は誰もいない、とても寂しい……」などと感じたものだ。自分には家族も親戚も、手を伸ばせば友人たちもいるのに、勝手にセンチメンタルになっていたわけだ。若かったねえ。そしてこの時の気持ちにぴったりな歌が『500マイル』だったのである。

ところで僕はこの東京の浪人時代に、フォークソングで有名な高田渡と何度か交流があったのだ。僕が京都にいるころ彼も京都に住んでいて、大学のバリケード内で開催されたコンサートに出演していた。そのコンサートの運営関係者に僕の友人がいて、高田渡も含めて一緒にお茶やお酒を飲んだことがあった。

僕が東京に来た頃、彼も東京に引っ越しをしたので、2、3度三鷹市にある彼のアパートに一升瓶を持って訪ねたことがあった。僕が住んでいたのは世田谷区だったので、自転車でおよそ小一時間という距離だっただろうか。彼も酒飲みだったので、気持ちよく過ごすことができた。話題は身の回りの些細なことを面白おかしく話すことが常で、フォークソングや政治の話は一切しなかった憶えがある。僕が音楽に対しそんなに興味がなかったせいもある。

翌年無事に大学に合格してしまうと、高田渡とは自然に疎遠になっていったのだが、彼は僕が思っていたより有名人で、ガールフレンドにその話をすると「ぜひ、会わせてくれ」と強く請われてしまった。彼女を連れて吉祥寺の喫茶店で彼と会い小一時間を過ごしたのだが、僕としては彼に無理を言ったような、なんとなく不本意な気分になったものである。

※

高田渡に『生活の柄』という有名な作品がある。代表作かもしれない。放浪の詩人山之口貘(やまのぐち・ばく)がイメージされているという。高田渡の歌の中で唯一知っていて口ずさめる歌である。僕は感傷的な人間で「放浪の〇〇」といったフレーズが大好きである。放浪の俳人・種田山頭火も好きで、宮崎の終焉の地を訪ねたこともあるし、放浪の画家・田中一村の絵も好きで時々画集を出して眺めている。僕も世界中を放浪して歩きたかったが、妻子を持つようになっては「放浪」は夢のまた夢。放浪したいとはとても口に出せなかったし、定職についてしまったので、次第にその夢は僕の心から消えてしまった。

そこで、話はいきなり下品になるのだが「馬券放浪」が僕にはふさわしいのだろう。何年か前には、作家の故・山口瞳の『草競馬流浪記』をまねて、全国の地方競馬場を訪ねたことがある。その話はこの本に『番外編』と称して書いてみたが、やっぱり楽しい思い出となっている。

さて、今回は『500マイル』を口ずさみながら、マイルチャンピオンシップを予想してみたい。20年以上も前だがメイショウテゾロという超人気薄の馬が2着に飛び込んできて腰を抜かしたことがあるが、今年はそんなに荒れないと思う。

僕の狙いは①ステルヴィオである。皐月賞馬のエポカドーロを負かしている実力馬である。父はロードカナロアで上げ潮に乗っている種馬だ。皐月賞、ダービーでは敗退しているが、距離がマイルのこの舞台は最適距離だろう。相手は内から②ペルシアンナイト、③アルアイン、⑦ロジクライ、⑧モズアスコット、⑮アエロリットの5頭。馬券は①の単複と①からの馬連流しだが、今回は3連単も①1頭軸マルチで買ってみたい。

どうですか!! このエッセー始まって以来の完璧な大勝利といえる。単・複・馬連・3連単とすべて的中した。それにしても騎手のビュイックが先行策をとってくれたのが勝因の大部分だろう。直線でアルアインの内を突いたが、前が詰まることなく抜けてこられた、コース取りも上手だったね。さて、来週のロードカナロア牝馬・アーモンドアイのレースが興味深い。

放浪の夢破れ果て馬券買い

二〇一八年一一月二五日　ジャパンカップ

嬉し恥ずかしほろ苦い僕の国際交流

ジャパンカップは国際レース。日本馬と外国馬の国際交流レースとして1981年に東京競馬場で行われ今に続いている。僕も少ない経験だが海外旅行という「国際交流」をしたことがある。中でも思い出に残っているのは、結婚前に会社の同僚と3人で行ったハワイ旅行だ。

この旅行は会社負担の慰安旅行だった。僕の勤めていた100人弱の広告制作会社は、今でいうブラック企業で月に100時間の残業などは当たり前のこと、時には月に200時間の残業をこなす猛者もいた。基本的にデザイン系の専門学校の新卒を採用、びっくりするような安月給で働かすのである。

雇われるものもちゃっかりしており、1年ほど経験を積んでより給料の高い会社に「経験者」として転職してゆくものがほとんどであった。会社には2年以上在籍した者を対象に、海外旅行に行かせるという「特典」があり、少しでも長く勤めさせようという、ブラック企業としてはやや矛盾した制度ではあった。

僕は辛抱が良いので3年目でこの制度の「恩恵」にあずかることになったのだが、ハワイ旅行に同行するK君とMさんは部署違いであまり親しくなかった。特にK君とはそりが合わず、最初は一緒に行動することはあまりなかった。一例をあげると、ワイキキのホテルに入り最初の夕食にMさんが「ステーキを食べに行こう」と提案すると、K君は英語ができないので気遅れがする、僕たちだけで行ってくれ、自分はコンビニのような売店でカップ麺を買ってホテルの部屋で食べると言うのである。

僕とMさんは二人でファミレスのようなレストランに入り、無事にステーキを食べワインを飲みホテルに帰った。慣れないチップもどきどきしながら置いたものである。大分酔っ払った僕はK君に「外国に来て外に出るのが怖くて部屋でカップ麺を食っているなんて最低だな」と罵ってしまった。K君も反論しそれが原因で僕は単独行動をとることにしたのである。

ワイキキのビーチの売店でゴザと缶入りのダイキリを買い、砂浜で昼寝をした。昼寝から覚めるとアラモアナショッピングセンターに行きお土産を買い、小さな中華レストランで食事をした。住宅街まで歩いていき、小さな店があると冷やかして何か小物を買ったりした。夜は一人で町のバーに行ってみたが、ここでは「一杯飲んだらさっさと帰れ」と冷たく差別的に扱われ、心が痛んだ。

ホテルのロビーで淋しく一人でゲームをしていると、小学3年生くらいの男の子が傍に来てじっと画面を見ている。ゲームをやりたいのだと思い「レッツ・プレイ・トゥギャザー」と誘って、一緒にゲームをした。いずれも簡単な単語を使っただけの単独の「国際交流」であったが、他人にはあまり勧められることではないね。K君とはその後仲直りをし、一緒に射撃場などに行ったりして楽しんだ。彼、最初は緊張していただけなんだね。だんだん行動が大胆になっていくのを見ると、僕も酔って罵ったりして軽率であったなあ。国際交流より国内問題に注力すべきだったと今でも反省しきりである。

※

さて、第1回のジャパンカップには衝撃を受けた。日本の馬の実力は欧米馬と比べてどの程度なのか、期待と不安が半ばだった。ところが当時最強とされていたモンテプリンスやホウヨウボーイは外国馬に全く歯が立たなかったのだ。勝ったのはアメリカの6歳牝馬メアジードーツ、2着はカナダのフロストキングだった。

第2回はさらに衝撃的だった。ハーフアイスト、オールアロング、エイプリルランといった強豪馬の脚力は桁違いに見えた。ただ圧倒的な一番人気のジョンヘンリーが13着に負けたことが、日本馬にも少しは付け入る隙がありそうに思えた。そして第3回は日本馬キョウエイプロミスが僅差の2着に入り、第4回は日本馬カツラギエースが逃げ切るなど、絶望の期間は割と短かった。

21世紀に入ると勝ち馬のほとんどは日本馬になった。初期のジャパンカップは国際招待競走で、外国馬の来日費用は全部競馬会、競馬関係者で持っていたのだと思う。その負担をある時からしなくなったので、はるばる費用をかけて東洋の片隅の国にくる馬が減ったのだと思う。ＪＲＡは最初に費用を負担することで、日本馬のレベルアップを図ったのだと僕は思っている。

僕が競馬を始めた頃は、種牡馬のほとんどが外国産馬だった。父が日本馬の場合は「父内国産」という特別な区分けがあったぐらいである。現在では、競走馬のほとんどは昔でいう「父内国産」である。その子孫も2代、3代と代を重ね。日本のサラブレッドは確実に進化を遂げた。めでたしめでたしと思うオールドファンの僕である。

今年のレースは何といっても本命①アーモンドアイの取捨だろう。もしオークスに出ていなければ僕は買わなかっただろう。何しろ短距離馬ロードカナロアの子だからね。でもオークスで上がり33秒2の脚を使われたら、2キロ軽いここでは中心に考えざるを得ない。まず単勝、相手は③サトノダイヤモンド、⑧キセキ、⑪スワーヴリチャードの3頭に絞りたい。馬単、馬連、保険でワイドも押さえる。

今回は全くドキドキ無し。安心して見ていられるレースだった。馬券の完勝よりもすごいスターホースの誕生を喜びたい。2分20秒6の勝ちタイムはとても信じられないタイムだぞ。

常夏の国でもやはり酔っ払い

二〇一八年一二月二日　チャンピオンズカップ

外圧に弱い日本人はそれを楽しむ

日産・三菱自動車・ルノーの大幹部カルロス・ゴーン氏が逮捕され大騒ぎだ。窮地に陥った日産に乗り込み「コストカッター」としての腕を振るった、いわば救世主だった人物が、時を経て企業の資産を食い荒らす鼻持ちならない金食い虫、又は日産を完全にルノーの支配下に置こうという陰謀家か、というのが現在のマスコミの解説である。報じられる金額のあまりの大きさに僕などは「ふーん」とため息をつくのみだ。

日本人は昔から海外の文化をうまく取り入れ、独自の文化を作ってきたことは良く知られている。国の地形が島国で平野が少ないため、生活の隅々に厳しく工夫を凝らさなければ生きてこられなかったことが、細やかな文化を醸成したのだろう。僕も幼いころ北陸は山奥の寒村で育ったので、その厳しさの一端を経験している。例えば紙を漉いている作業を眺めていると、ほんの小さな0・1ミリほどのくずも手で一つひとつ取り除くのである。そうでなければ純白の和紙とはいえないのである。

そんな自分に厳しく謙虚な日本人も時としておごり高ぶることがある。歴史的に名高いのが豊臣秀吉の「朝鮮征伐」である。秀吉は明国も征服し世界帝国を作ろうとしていたのだろうか。この出来事は日本と韓国の間に、いまだに深い溝を刻んでいるのだ。日本の教科書には「朝鮮征伐」は少ししか記述がないが、韓国の教科書には非常に多く記されているという。ある韓国人によると、日本が明治維新を成し遂げたのは「朝鮮征伐」の際、韓国の文化を根こそぎ奪ったからであり、李氏朝鮮が近代化に乗り遅れ、日本に併合されてしまったのはすべて豊臣秀吉のせいだと力説するのである。

二度目のおごりは明治維新で国の近代化を成し遂げ、東洋の軍事大国になったことであろう。朝鮮を併合し満州国をでっち上げ、中国侵略と南方の資源確保に戦線を広げていったことである。この野望はアメリカ軍の日本各地の大空襲と2発の原子爆弾で完膚なきまでに叩きのめされた。

三度目のおごりは朝鮮戦争の特需と冷戦下で米国の傘下に組み込まれたことで、経済が高度に発展したことである。世界中の不動産を買いまくり、日本は世界の寵児になったかに見えたが、実はすべてはバブルという虚構だったわけだ。

そんな歴史を繰り返しながら、日本人は外圧を楽しんでいたのではないかというのが僕の感想である。今でも戦後の「焼け跡闇市」を懐かしむ向きもあるし、江戸時代の末期には江戸の海に現れた黒船4隻にびっくりしつつも、物珍しさを大いに楽しんだのではないだろうか。「泰平の眠りを覚ます上喜撰たった四杯で夜も寝られず」のような狂歌が流行ったのである。

長々と誰でもが知っていることを述べてしまってすみません。ようやくサラブレッド「クロフネ」の話題に入ります。クロフネの父はフレンチデピュティ。アメリカ生まれの外国産馬である。チャンピオンズカップの第一回目の優勝馬であり、東京競馬場２１００mのコースで大差のぶっちぎりを演じた。当時はジャパンダートダービーと称し、国際招待レースだったが、後に「招待」はやめて普通の国際レースとなり、今の名前になって中京競馬場のダート１８００mで争われるようになった。

※

クロフネ自身はNHKマイルも勝つような芝のスピード馬でもあり、ダート戦では無敵のぶっちぎりを何度か演じている。僕はこのレースを「クロフネ記念」とサブタイトルをつけたらどうかと思うほどである。江戸時代の人たちが黒船に驚き、その後の文明開化を享受したように、日本のダート戦の「黒船」は名実ともにクロフネだからである。

名馬とは名馬の面影を残すものであり、一例だがシンザンはヒンドスタンの、ハイセイコーはチャイナロックの、ミスターシービーはトウショウボーイの、トウショウボーイはテスコボーイの面影がある。現代の競馬ファンはステイゴールドの面影をオルフェーブルに見て、オルフェーブルの仔たちに父の面影を探すのだと思う。

ところがクロフネにはそんなものはなく、ただクロフネはクロフネだったのである。クロフネの仔も多士済々で芝でもダートでもお構いなしに活躍している。人気でも人気薄でも来るときはどんどん来る。僕にとって種馬としてのクロフネは不思議な馬だった。

今回のレースで上位人気の馬の中にはクロフネの系統の馬は出ていない、アメリカ血統としてオメガパフュームとノンコノユメにフォーティーナイナーの血が入っている。ちょっと馬券的には中心にしにくい感じがするが、このレースは毎年荒れる傾向にある。どんな結果になるか楽しみでもある。

僕の狙いは人気だが②ルヴァンスレーヴだ。このレースで名実ともにダート王と認められるだろう。相手を外国馬③パヴェル、⑤ノンコノユメ、⑧ケイティブレイブ、⑪オメガパフュームの4頭に馬連で流したい。アメリカ血統の組み合わせでオメガパフュームとノンコノユメの馬連とワイドもね。

う〜ん。2着も3着もいないとはなあ。まずは完敗といえる。馬券のセオリーに「1着が固いときは紐には人気薄を狙うべし」というのがあったなあ。忘れていました。とほほほほ。

芝ダート変幻自在の活躍馬

二〇一八年一二月九日　阪神ジュベアニルフィリーズ

乙女たちの戦い？　いいえ小学女子の駆けっこ

阪神ジュベナイルフィリーズは、昔は阪神3歳牝馬ステークスと呼ばれていた。競走条件など内容は今とまったく同じで、競走馬の年齢を国際基準に合わせる際に名称を変更したものだ。ジュベナイルとは何のこっちゃと思い調べると、英語で「少年・少女」とのこと。またフィリーズとは「4歳牝馬」とのこととあった。2歳牝馬のレース名にしてはちょっと違和感を覚えるのは僕だけだろうか。

この原稿を書いている最中に東京のJR山手線の新駅名がニュースになっていた。田町と品川の中間に建設中の新駅で「高輪ゲートウェイ」というのがその名称である。公募順位も低いので「公募の意味があるのか？」と世間では言っているとのことだ。続いて東京メトロの新駅名も「虎ノ門ヒルズ」と命名が決まったとのニュースもあった。いずれもカタカナ名はいかがなものかという論調がニュースを報じる側にはあるのだが、僕もそう思う。

どうもお役人やそれに近い組織の人はカタカナ語が好きなようだ。本人たちはしゃれていると思っているのだろうが、どことなく軽薄な発想と感じるのだ。僕は「虎ノ門ヒルズ」はそのままの名称で呼ぶと思うのだが、「高輪ゲートウェイ」は長すぎて口にするのも面倒くさい。多分僕は略して「高輪」とか「高ゲー」と言うと思う。

アメリカに負けたので日本人はカタカナ語に弱いというのが戦後の風潮だったが、近年は英語を駆使して会話をするのが一般的になっている。特にビジネスの世界はその傾向が強いと思う。例えば「コンプライアンスはリスクマネジメントのファースト・プライオリティーです」と言ったりする。なぜ「法令遵守は損失回避のための最優先事項です」と言えないのだろうか。明治の時代に外国語を一生懸命日本語に訳した、その単語を大事にしてもらいたいと僕は思う。

特に漢字の大切さが現代では軽んじられている。企業名や自治体名にひらがなやカタカナを使用しているのを見ると、ため息が出てしまう。漢字には意味があり、目で見てその内容が分かったり、感じたりできる優れたものである。漢字を発明した古代の中国にはとてもありがたく敬意を表したい。そして日本の漢字博士・白川静先生と、労作の漢和辞典『字通』にも同じように敬意を表したい。

文盲対策なのだと思うが、中華人民共和国は簡体字という漢字の略字を使っている。この略字は漢字が持つ本来の意味が損なわれている。それに比べて台湾では旧字の繁体字を使用しているので、僕は好ましく思っている。

日本も中国ほどではないが、昔の難しい漢字を略して使用している。一例だが「学」は「學」と表記し「国」は「國」と書いていたのである。もう昔には戻れないができるだけ漢字を大切に使いたいものだと思う。隣の韓国、北朝鮮は中世に漢字を捨てハングルという表音文字を使うようになったが、姓名や社名を漢字で書くのはどうしたことだろうと僕は不思議に思っている。

グローバル化が叫ばれる現代ではカタカナ名の会社は多い。時にはひらがな名の会社もあるが、それぞれの業務内容や会社の姿勢を体現しているものが多いように思う。しかし自治体名はきちんと漢字を使ってもらいたい。

いわき市、つくば市、さいたま市などはそれでも漢字の地名を連想させるので我慢ができるが、さくら市、みどり市は許しがたい。僕がその市の住民なら税金を払いたくないなあ。その土地の持つ風土や歴史を無視しているからである。これが許されるのであれば何でもありだね。ひまわり市やあおぞら市などが登場するかもしれない。

さすがにカタカナ名の自治体はないだろうと思って調べるとあるんですねえ。「南アルプス市」が日本唯一のカタカナが入った自治体だった。まあ、その地域の風土を表しているし、聞いただけで日本のどのあたりにあるのか分かるので許そうと思う。

※

さて本来の競馬の話題に戻ろう。牝馬レースの僕の印象だが、桜花賞は女子中学生の、オークスは女子高校生の、そして秋華賞は女子大生の戦いだと感じる。それに則ると阪神ジュベナイルフィリーズは小学生の女の子たちの駆けっことという感じである。

とはいえ過去の勝ち馬にはウオッカ、ブエナビスタ、アパパネなど超一流馬が名を連ねているので、来年の牝馬のクラシック戦を検討するうえで見逃せないレースでもある。人気上位の④シェーングランツ、⑨クロノジェネシス、⑬ダノンファンタジーは外せないだろうが、そこに1戦1勝のウオッカの仔⑩タニノミッションを加えたい。出場抽選を突破した運もあるからね。

馬券はこの4頭の馬連ボックスと3連単ボックスを買ってみたい。特にウオッカの仔には「名馬から名馬が」という競馬ならではの血の継承への夢がある。多くの名馬の仔たちに期待をして裏切られた経験が山ほどあるのだが、この夢は競馬をやっていると、なかなか捨てられないものなのだ。特に自分の好きだった馬の仔たちには一段と強い思い入れがあり、応援したいからだ。

師走の風は冷たいが、僕の馬券も馬連が当たったが配当が一番低く、頼みの3連単も的中せず、いわゆるトリガミ(的中するもトータルで損)というやつだったので、少し寒い。しかし上位の2頭の脚は際立っていた。来週の朝日杯にも強い牝馬が出るとの話だが、それも含め来年の3歳牝馬戦線が楽しみだ。

どことなく軽薄滲むひらがな市

二〇一八年一二月一六日　朝日杯フューチュリティーステークス

競馬はギャンブルだがギャンブルは悪か

朝日杯フューチュリティーステークスが近づくといよいよ年末の感が強くなる。競馬ファンにとってはクリスマスより有馬記念だが、朝日杯はその露払い的な感がある。このレースは長年「朝日杯3歳ステークス」といって中山競馬場で牡馬・セン馬のみで行われてきたのだが、競走馬の年齢を国際基準に合わせる際に施行基準を変えたものだ。

大きな変化は中山競馬場から阪神競馬場に移されて行われ、また牝馬も出走できるようになったことだろう。先週の阪神ジュベナイルフィーリーズと同距離なので、タイムなど比較できるようなった。同世代の牡と牝の力の差が分かりやすくなったともいえる。特徴としては、先週の阪神ＪＦの上位入線馬は翌年のクラシックレースにつながることが多いのだが、朝日杯はそうでもなく、2歳牡馬の総決戦という意味合いのみのような気がする。

クラシック3冠を取った馬の過去を調べると、あまり朝日杯の名前が出てこないのだ。いないわけではないのだが、このレースの優勝馬は将来さまざまなタイプに分かれて活躍しているように思える。

※

さて、戦後日本の競馬の歴史を見てみると、軍馬の品質改良というお題目はなくなってしまい、純粋に「競馬」という興業に専念するようになった。すなわち馬券の売り上げが収入源となり、国家財政に貢献する組織となったわけだ。競馬のみではないが長年公営ギャンブルには、世間は暗い影を見ていた。すなわちギャンブルは魅力的であるが、経済観念を失わせ、勤労意欲を減退させ、自身の身も家族も滅ぼすものとされていたのである。競馬(ギャンブル)は反社会的、反道徳的、反家庭的というレッテルを張られてきた。厩舎にはいわゆるヤクザ者に代表される反社会的勢力が出入りし、影響力を持っているともいわれてきた。

その競馬を明るい大衆娯楽に転嫁させていくために、さまざまな努力があったのだが、この「朝日杯」の創設が象徴的な出来事だったのである。朝日杯の「朝日」は朝日新聞社が賞を出すからで、良識の府であるジャーナリズムの筆頭である朝日新聞社がギャンブルに賞を出すなど当時は大変なことだったのである。

もちろん朝日新聞社の中でも長時間にわたって大激論がされたという。大反対の意見が多い中当時の社長が大英断を下して押し切ったとのことである。これを皮切りに各マスコミも競馬に賞を出すようになった。思いつくまま書くと、読売カップ、日経賞、産経オールカマー、毎日杯が大手新聞社だ。地方新聞も多い。東京新聞杯、中日新聞杯、河北新報杯などである。放送局もＮＨＫ杯をはじめ賞を出していない局を探す方が難しそうだ。競馬会もマスコミを味方にしたのが功を奏したといえるね。

僕が若いころ勤めていた小さな広告制作会社の上司も「ギャンブルは悪」派で、僕が馬券を買っていることを知ると「競馬はギャンブルだ↓ギャンブルは悪だ↓お前は悪だ↓悪は会社から出ていけ」と退職勧奨をするではないか。しかも度々なので参ってしまった。

しかし僕は「ダービーや有馬記念は普通のサラリーマンでも話題にしている季節の風物詩であり、ギャンブルというより、健全な大衆娯楽になっている」と反論して逆風をしのいでいたのであるが、頭の固い上司はことあるごとに「ギャンブルは悪だ」と僕に説教をしたのである。

でも本当にギャンブルは悪なのだろうか。人生には様々な選択の場面があり、どちらを選ぶかで大きな差が出ることがある。その選択肢つまり分かれ道のどちらに行くかを選ばなければならない、そして元に戻ることはかなり困難な場面をみんな経験してきたはずである。

どの学校に進学するか、どんな友達と付き合うか、どんな部活やサークルに入るか、または入らないか。そんな選択はギャンブルに通じないだろうか。さらに、就職、結婚、出産など大事な分かれ道はすごく多い。しかもほとんど後戻りややり直しが困難な選択である。

それに比べればどの馬の馬券を買うかなど、いくらでもやり直しができるお気楽な人生ゲームのようなものではないかと思う。馬券の当たりはずれなんか「昨日の中華丼はまずかったなあ、もうあの店にはいかないぞ」みたいなものだと僕は思っている。ところが競馬は人生そのものであるという人もいるんですね。そんな哲学を持っている人の話はまた今度。

それより目の前の朝日杯の馬券の予想の方が大事である。先週の阪神ＪＦを鮮やかに差し切ったダノンファンタジーを新馬戦で負かした牝馬の②グランアレグリアが一番人気である。大幅に馬体重が増えた次走のサウジアラビアＲＣも楽勝しており、ルメールが乗るならどのように勝つのかが見所だろう。これが僕の本命。対抗は⑥アドマイヤマーズ。これも３戦３勝でデムーロ騎乗である。次がやはり３戦３勝で武豊が騎乗する⑭ファンタジスト。馬券は②から馬連と１着固定の３連単でシンプルに勝負したい。有馬記念の資金を稼げるだろうか。

やっぱり牝馬より牡馬が強かったという証明レースだった。４コーナーで２頭の馬に左右を挟まれて弱気になったか②は伸びず３着がやっと。もう少し頑張ってくれたら安くても馬連はとれたのになあ。まあ引かれ者の小唄ということで、自嘲するしかない。

ギャンブルを選択ゲームと上品に

二〇一八年一二月二三日　有馬記念

夢かうつつかドリームレース

一年の中でも十二月は特別な月である。年末、年の瀬、師走といった言葉を人々は多くの思いを込めて語るような気がする。一年の総決算とか締めくくり、最後の月は特別な気分を盛り上げるようだ。時の流れはいつでも平等なのに、人の生活、特に日本人の生活は季節感にあふれているからなあ。

勤め人はボーナス月である。月の後半はクリスマスあり、年末ジャンボの宝くじがあり、有馬記念レースがあり、新年の準備もありで何やらお金も動くし気持ちも落ち着かないのである。有馬記念をドリームレースと呼ぶ人も多い。一年間の馬券の総決算でもあり、損を重ねたギャンブラーはここで一発大逆転を狙いたい気分になるようだ。

しかし、有馬記念はそんな夢気分を打ち砕く結果になることが多い。僕の有馬記念のイメージは寒風吹きすさぶ北総台地を、西船橋駅や東中山駅に背を丸めて黙々と急ぎ足で向かう人々の列である。実際、携帯電話やインターネットで馬券を買うことができる以前は、場外馬券場や競馬場に出向くしかなかった。僕はもちろん毎年中山競馬場に出向いていた。

行きはバスか乗合タクシーで競馬場に行くのだが、帰りは必ず渋滞するので歩いたほうが早いのである。競馬は有馬記念レースだけではないので、ほとんどの人は負け組になるのだろう、黙々と長いくだり道を歩くのだが、その途中に「でんすけ賭博」の誘惑がおいでおいでをしている。

でんすけ賭博とは路上で行ういかさま賭博の総称で、いろいろな形態があるのだが僕の見たものは、小さな赤い玉を3つの伏せた湯飲みの中に入れ、器用に位置を動かしてどの茶碗に赤い玉が入っているかを当てるもので、5百円か千円を賭けるのだろう、当たると何倍かのお金がもらえるというものである。

基本的にいかさまなので当たらないのだが、稀に「インチキだろう」と抗議する勇気があるというか世間知らずの御仁もいる。ところが観客と思っていた周りを囲む6、7人がほとんどサクラでいかさま師の仲間なので、「因縁つけやがって」と道の脇の枯れた田んぼに突き落とされるのを目撃したことがある。そんな絵にかいたようないかさま博打に騙される方が悪いので、多くの人は知らん顔で通り過ぎてゆく。僕も「あーあぁ馬鹿だなあ」と冷たく心の中でつぶやいてその場を去ったのである。これが今も僕の心の底にある有馬記念の日の風景なのである。

※

僕の愛妻君はリアリストである。金が欲しいのなら宝くじより馬券の方が良いと言うのである。そして僕が毎年年末ジャンボを買っているのを馬鹿にするのである。愛妻君が言うには宝くじの当選確率は2千万分の1だというのである。確かに馬券のてら銭、つまり控除額は25％だが宝くじは50％ほどと聞いたことがある。確かに当たらないのが常識なのであるが、買わなければわずかなチャンスもゼロなので、やはり一攫千金の夢を求めるためには買わざるを得ないのである。

しかし愛妻君は馬券の方が現実的に的中することが多く、夢があるのは馬券の方だという。確かにその通りなのだが、馬券での一攫千金はなかなか難しい。ずいぶん以前に東京競馬で3レース続けて万馬券を的中させたことがあるが、実は大変な自己嫌悪に陥ってしまったのだ。

第10レースで馬連160倍が5点流しで的中した。1000円券だったので16万円になったので大変うれしかった。次のメインレースの狙いは穴馬からの流し馬券だった。ここで僕は「2レース続けて万馬券が当たるはずはない」と思い500円ずつ流したのだ。ところが当たっちゃったんですねえ。配当は104倍だったのでうれしかったが「なぜ1000円で買わなかったのか」という後悔もあった。

そして最終レース。またも穴馬からの流し馬券が僕の予想だったのだが「絶対にあたりっこない」と思い、馬券は200円ずつしか買わなかった。ところがです、ああっ！　また的中してしまった。配当は117倍である。うれしいより激しい自己嫌悪に陥ってしまった。

最初に16万円ゲットしたのだから、次のレースは目をつぶって1万円ずつ買うべきだった、そして最終レースは10万円ずつ流していたら1千万円の配当を手にしていたのである。もし負けたとしても一日の収支は大幅プラスだったのである。つくづく自分は冷徹なギャンブラーになれないなあとしみじみ思ったのである。そしてこんなチャンスはいまだにやってこないのである。あの日東京競馬場で、僕は一生に一度しかない一攫千金のチャンスを逃してしまったのである。

さて今年の有馬記念を予想しなければならない。ルメールの⑫レイデオロの軸は間違いないだろう。相手は復調した③モズカッチャン、一昨年の有馬記念の覇者⑥サトノダイヤモンド、勢いのある3歳馬⑧ブラストワンピース、夏のグランプリホース⑪ミッキーロケット、激しいG1戦の反動が気になるがジャパンカップのレースぶりに敬意を表して⑭番キセキである。馬券は⑫からの馬連流しなのだが、金額にメリハリをつけなければ「ドリーム」にならないので、馬連⑪⑫を購入金額の半分に当て、残りは平等に振り分けることにした。

結果は皆さんご存知の通りで、僕の馬券は的中したものの、いわゆるトリガミとなってしまった。それでも愛妻君は「宝くじだとそんなに戻ってこないわよ、的中することが大事なので、今年の有馬記念はよかったわね」と多分馬鹿にしているのだろう、冷ややかに笑うのである。

万馬券三度当たりて自己嫌悪

二〇一八年一二月二八日　ホープフルステークスほか

希望に満ちた来年を祈りつつ賭ける

わが家の年末恒例の行事に「一陽来復」のお守りを授かりに、東京は早稲田の坂の上にある穴八幡に詣でるということがある。一陽来復の意味は、冬至の日には陰が極まり陽に転ずるということである。つまり悪いことはここで終わり、以後福がやってくるということで、冬至の日の穴八幡は夜中から行列ができるのである。

この穴八幡の下隣に放生寺というお寺があり、お寺の人が言うには「一陽来復」はこのお寺が始まりであり、穴八幡がお寺より格段に賑わっているのは不満のようであると、訳知り顔の知人が言っていた。面白いのはこの放生寺で授かった一陽来復に、穴八幡で授かった一陽来復を入れ子にすると、なんと大金が舞い込むのだと一部の人々に信じられていることである。

穴八幡は柚子神様といわれ、柚子が融通に通じるということでお参りをすると金銭的に豊かになると伝えられているのである。この季節、東京メトロの早稲田駅から穴八幡に向かう人の頭の中には、来年はお金に不自由しないようにという願いで一杯になっているはずである。言うまでもないのだが、僕も愛妻君もその一人なのである。

穴八幡の参道は坂道になっているのだが、その道の左右はぎっしりと縁日のお店でにぎわっている。数ある店の中には「金のうんこ」という置物を売っている店がある。人間の排泄物に似せたとぐろを巻いた金色の飾りものである。どうやら「金運」という単語にひっかけてあるようだ。

「開運・金運・幸運を掴む金のうんこ。」とあるが、本物はあまり掴みたくないなあ。競馬場のトイレで勝負レースの前に「大」をすると「運だつくのか、それとも運を落とすのか」というつまらない論争を若いころに友だちとしたことをつい思い出す。

金運といえば宝くじの当選が代表的だろうか。佐賀県の唐津市に船で約10分の近距離に高島という小さな島がある。この島の宝当神社にお参りすると宝くじに当たると信じられている。実際に人々は「神社の宮司が2度当たったらしい」とか誰それが最高の当選金を得たと噂をしているのだ。この島に向かう船中の人々の頭は「宝くじ当選、金、金、金」で一杯なのだろうと思う。同乗した僕も同じで、神社では宝くじを入れる黄金色のケースを購入したのである。

ことほど左様に人々の願いはお金にあるのである。それは人生の悩みごとの9割ほどはお金がふんだんにあれば解決できることであり、悩みがない人もお金がたくさんあれば、あれもこれもと贅沢三昧の夢をみるようである。自分の財産を困った人々のために寄付する篤志家も世の中にはいるのだが、これは圧倒的な少数派なのですねえ。

※

今まで一年の締めくくりのレースは有馬記念だったが、今年はホープフルステークスが最後のG1レースとなった。このレースは従来ラジオNIKKEI杯2歳ステークスと呼ばれたG3レースだったのだが、距離が2000mということもあり、勝ち馬は朝日杯FSより翌年のクラシックレースに有望なのではないかと一部の専門家たちに言われていたレースである。

今年は良血⑤サートゥルナーリアの走りに注目だ。母はシーザリオ。日本とアメリカのオークスを連覇し、そのまま繁殖に入った名牝である。自身の競争成績もほぼ完璧であるが、特筆すべきは仔どもたちの成績だろう。エピファネイアは皐月賞、ダービーと2着だが菊花賞とジャパンカップを買っている。リオンディーズは朝日杯FSを勝ったし、そして今回のサートゥルナーリアだ。

馬券は人気でもルメールの⑧アドマイヤジャスタとの馬連1点勝負だ。①ニシノデイジーもそうそうたる良血馬であるが、鞍上の勝浦はいまいち信頼性に欠けるので外すことにした。

結果は衆目の一致するところだったが、馬連配当の640円は2番人気だったのだ。ニシノデイジーが人気を集めてくれたので、ちょっと感謝。

実は本日のウィン5はキャリアオーバーが5億円以上あったので、久しぶりに挑戦することにした。第1レースと第2レースは頭が固そうなのでそれぞれ1頭、第3レースからはそれぞれ3頭チョイスした。人気馬を2頭、中穴馬を1頭の組み合わせだ。合計27点の購入になる。これが当たってくれたのですなあ。通常の馬券の成績はちょい浮きだったので、このウイン5の配当3万円弱は、今年の中央競馬の最後の当たりとなった。なんか有終の美を飾ったようなすっきりした気分になった。

実は僕には年末に大井競馬場で行われる東京大賞典レースが一年最後の大勝負となっている。毎年競馬風俗研究家の友人の招待席に同行するのだが、今年は諸般の事情でテレビ観戦になった。昨年は僕のご贔屓馬コパノリッキーの快勝で気分のよい年末をおくれた。

今年の狙いはトレンドの3歳馬攻勢だ。アーモンドアイ、ブラストワンピースに続く馬はただ1頭。5番のオメガパフュームだ。3番人気がうれしかった。相手はルメールの⑬ゴールドドリーム。割り込む可能性のある②ケイティブレイブを3連複で押さえ、単勝、馬単、馬複、3連複と完璧な馬券的中を実現した。

今年は愛妻君の病気や、会社の業績不振などろくなことがなかったので、年末の馬券的中に来年が良い年になるような予感を感じてしまった。自分たちのことばかり願うのは恥ずかしいが、来る年が良い年になりますようにと祈るばかりである。

金欲しさ行き交う年に神頼み

二〇一九年一月五日　中山金杯

青空に身も心をも晴々と新年迎え初当たり

「あなたのふるさとは何処ですか?」と聞かれると困ることがある。また「ご出身はどちらですか?」と聞かれても、答えるのにやや躊躇してしまう。以前も書いたことだが、父がゼネコンの土木技師で、工事現場を家族ぐるみで転々としたため、僕は小学校を5つも通ったのである。

僕の本名は沖縄に多い苗字なので、大概の人は名前だけで沖縄出身者と思うのだが、父方母方両方の祖父母が沖縄から東京に出てきたのは100年ほど前のことなのだ。関東大震災の被災者でもあった。震災後に僕の母は神田で生まれ青山で小学校に入った。住んでいたところは現在の表参道ヒルズで、昔は同潤会青山アパートと称していた。当時としては最先端だった水洗のトイレもありハイカラな生活をしていたという。

母はしばらくして練馬に引っ越したのだが、ランドセルを背負っている子は母一人で、他の子の服装といえば皆かすりの着物で、袖は鼻汁をぬぐうのでてかてかに光っていたという。母は自分の故郷は神田だと今でも思っている。母にとって神田明神は産土さまなのだね。神田明神は勝負の神様であり、守護神・平将門は僕の馬券の神様である。と、勝手に思っているので、時に応じてお参りをしている。もっとも入口にある天野屋で大粒の芝崎納豆を買う目的もあるのだがね。

僕は物心のついた3歳には石川県の山奥、白山の登山口でもある白峰村に住んでいたので、僕の故郷と思う場所はこの白峰村、現在の白山市白峰である。唱歌『ふるさと』を歌う時、僕の心に描かれる風景はいつも白峰村なのである。棒切れを振り回して野山を駆けめぐり、川でゴリを獲ったり、ムツメを釣ったことを昨日のように思い出すことができる。

僕はこの村で生まれ、この村で育ち小中学校に通い、白山神社で有名な鶴来という町にある高校に行くものだと思っていた。ところが八歳になったばかりのある日、突然母親が、「明日は東京に引っ越すからね」というのである。確かに母親の実家のある東京・練馬区には何度か行ったことがあったし、後に自分の出生地であると知ったのだが、当時はこの村の生活が自分のすべてであったので、大変ショックを受けてしまった。

僕はあわてて小学校に向かって走り出した。小学校の縁の下には友だちと作った秘密基地があったのだ。その場所に別れを告げたかったのである。ところがそんな感傷的な気持ちを壊してしまったのがあしながが蜂である。秘密基地のすぐ近くに蜂の巣があったようで、僕は顔を刺されてしまった。顔が倍ぐらいに腫れてしまい、親兄弟にあきれられてしまった旅立ちであった。

東京に引っ越しをし、母の実家練馬に3カ月ぐらいいただろうか、その後父が町田市の郊外・玉川学園前に小さな建売住宅を買ったので、そこに引っ越しをした。そして子ども心に気がついたことが、関東平野の冬は雪がほとんど降らないことだった。風は冷たく厳しいが空は青く晴れ空気は乾燥して実に気持ちが良いではないか。

北陸の山奥の冬は雪が5メートル以上積もり、晴れる日はほんの数日でいつも雪が降っているかどんよりと曇っているかであった。それが当たり前の風景と思っていたのだから、関東平野の青空は実に清々しく新鮮に感じたものである。今でも関東の冬はいいなあと思う。

※

その後、僕たち一家は高知県に引っ越し、一年半ほど暮らしたのち京都市内に引っ越した。僕は十歳から二十歳まで京都に住んでいたので、小学校、中学校、高校といわゆる思春期は京都で過ごした。その学歴から「京都のご出身ですか？」と思う人も多かった。

京都の冬は関東平野の冬と異なり、雪こそあまり降らないものの「京の底冷え」という、骨身にしみる寒さを経験した。どんよりと曇る日が多く、体の芯に届くような寒さが特徴といえるだろうか。僕は子供時代に北陸とも関東とも異なる冬を経験したわけである。東京の大学に進学してから今に至るまで関東地方に住んでいるが、毎年しみじみと関東平野の冬の素晴らしさを感じている。雪国に住んだことのない人には到底わからない感覚だろうなあと思う。

川端康成の『雪国』の出だしが好きである。「トンネルを抜けると雪国だった」この一文がすべてを表している。さすが文豪だ。上越国境の清水トンネルは両方に住む人々にとって、まさに「別世界」への旅の扉なのである。

さて競馬である。年末の有馬記念は切羽詰った趣があるが、正月の金杯は一年の運試しといったウキウキした雰囲気がある。僕も「一年の総決算」というまなじりを決した馬券より、今年の一年を占ってみようというお気楽な金杯馬券が楽しいと思っている。

さて、今年の中山金杯だが僕の狙いは8枠⑮番のステイフーリッシュである。昨年好調だった藤岡佑介騎手に明け4歳馬というところがポイントである。まずはその単複、そして⑮からの馬連流しだが、これは手広く買っておきたい。金杯は正月休みを挟むので、どうしても馬の好不調が把握しづらいし、人気通りに決まらないことが多いからだ。相手は内から、①タニノフランケル、③コズミックフォース、⑥エアアンセム、⑧マウントゴールド、⑩ヤングマンパワー、⑪ウインブライト、⑫タイムフライヤーと馬連で手広く流してみたい。

結果はほぼズバリ、年初のハンデ戦は手広く流すという僕の馬券セオリーにドンぴしゃはまったようだ。配当は45倍つけたので、「こいつは春から縁起がいいわい」と上機嫌の一日だった。

激しくも冷たい風が心地よく

二〇一九年一月一三日　日経新春杯

ふるさとは遠きにありて思うもの、ですね

前回に続きふるさとの話題をもう一回。「ふるさとは遠きにありて思うもの　そして悲しくうたふもの」この詩の一節は多くの人に親しまれ口ずさまれている。日本が農業国から工業国になる過程では、地方から都市部へ働きに来る人が多く、その大半の人々が都市部、都市近郊に生活の根をおろし、盆と正月に故郷に帰るスタイルが定着したように思う。明治維新の殖産興業政策により、日本国内に一種の人口移動が起こったのである。

そういった人々に愛され口ずさまれたのが前述の詩で、これは室生犀星の一番有名な『抒情小曲集』に収載されている。犀星自身は私生児であり養子であった。だから自身の出生に屈折した思いがあったので故郷は「悲しくうたふもの」と記したというのが一般的な解釈で、僕も同じように思う。

詩は続けて「よしや　うらぶれて異土の乞食となるとても　帰るところにあるまじや」と記される。僕の精神はやや単純なので、異郷で落ちぶれて乞食になったら恥ずかしくて故郷には帰れないだろうと

思うのだが、犀星の詩のこの一節は「絶対に故郷は帰るところではない、私の安息の地ではない」ことを大きく強調したのだと、好意的に解釈することにしている。

唱歌『ふるさと』を唄う際、三番の「こころざしをはたして　いつの日にか帰らん……」で泣く人が、特に中高年男性に多いという。かくいう僕もどうしても涙ぐんでしまう。つまり故郷は「いつの日にか帰りたい」ところであるが、なかなか帰れない、また帰ることができない事情や感情があるという思いを持つ人が多いのではないだろうか。本当に故郷とは「錦を飾り、胸を張って帰る」ところなのだろう。なかなかそれが実現できないことも、犀星の詩が愛唱される理由なのだろうと思う。

乱暴な設定で申し訳ないのだが、話を単純化することを許されたい。故郷のイメージは田舎の農村であろう。数百年も農業が主産業であったわが国では、農村は人々の集団としての基本的な単位であった。大体は庄屋様、名主様、大地主様であっただろう村長様やお寺を中心とした階級社会であったと思う。

子どもや若者、特に小作農民たちに村に対しての大きな発言権はなかったものと思う。村の共同の労働やしきたりに従い、年貢を納め、長年の忍耐を重ねてようやく少しの発言権を得たのではなかろうか。要するに封建的な農村は窮屈な社会だったのではなかろうか。その忍耐と鬱屈の発散の場が年に数度の盆や、正月や村祭りだったのだろうなあ。

戦前の農村の次男や三男などは相続権が無く、北海道や満州（現在の中国東北部）への開拓移民となり故郷を去ったのではないだろうか。そして戦後は日本の工業化と高度成長に合わせ、都会の労働者として大きな「人口移動」が起こったのである。ちょっと単純化しすぎで申し訳ない。

※

今や超高齢社会のわが国では、定年退職者の地方移住が盛んに行われているらしい。雑誌などの情報の受け売りですみませんが、地方に移住しても地元の人々とうまく馴染めない人が多いらしい。町内会に入らないとごみの収集を拒否されると週刊誌の記事にあった。また別の土地の話だが、元日から村長の挨拶を聞くために集合させられる、そして翌日は消防団長の挨拶に駆り出されるというか、出席を強要されるという村もあるそうだ。と記事に書かれていた。

結局「隣は何をする人ぞ?」というある種の「無関心」的都会生活や、都市郊外生活がよいということなのだろう。もちろん地方に移住して充実した人生を送っている人々もいることは、テレビなどで報じられるので、悪いことばかりではなさそうなのだが、運転免許を持っていない僕には魅力的には思えない。自分勝手ですみませんね。

僕の祖父母は沖縄からの移住者で、僕自身産まれてから20回以上転居している「流れ者」であり「根なし草」なのだが、今にして思えば「田舎生活のしがらみ」がまったくなかったので、物足りない面もあるが、お気楽な生活を楽しんできたと思っている。

特に都会のマンションでの一人暮らしは快適そのものである。僕はある時期「職住近接」の生活を送った経験があるからである。会社のスタッフには長距離通勤と称していたが、実は会社から徒歩5分の場所に住んでいたからである。週末は愛妻君のいる地方都市に帰るのだが、ウイークデーは通勤がないので、仕事が終わるとほぼ30分後には入浴し、裸のままでビールをぐびぐびと楽しんでいたのである。

さて、本日の競馬は日経新春杯である。数十年の昔になるが、名馬で人気馬のテンポイントが、雪の降る悪天候の中、レース中に骨折し闘病の甲斐なく亡くなったレースである。66・5キロの斤量がなんとも残酷な数値に思え、心が凍てついたことを今でも覚えている。

今年のレースの中心馬は⑯のムイトオブリガードである。ルーラーシップの産駒は追えども伸びずだがばてもしない、いわゆる「じり脚」の馬が多いので長距離は得意な馬が多い。これが中心で、相手は内から②グロリーヴェイズ、⑤シュペルミエール、⑫メイショウテッコンの3頭に絞りたい。馬連の流しだが②-⑯を多めにして勝負馬券としたい。

結果は見当はずれ丸はずれ、「あっそうなの」のとほほのほ。

お気楽だ風呂の上りに全裸飲み

二〇一九年一月二〇日　アメリカジョッキークラブカップ

価値観は変われども、変わらぬものは下手くそ馬券

何度も書いたと思うのだが、僕は三歳から八歳までの幼年期に石川県の山村で過ごし、自分でもその村で生まれたと思っていた。そんな田舎生活のおやつといえば、干し芋干し柿かりんとうに煎餅が定番で、甘いお菓子といえばキャラメルぐらいだったと思う。栗まんじゅうはご馳走の部類に入り、ようかんやチョコレートだと飛び上がって喜んだ記憶がある。バスで4時間ほどかけて、初めて金沢の町に連れて行かれ、大和デパートの食堂で食べたソフトクリームのあまりのうまさに飛び上がるほどびっくりした。山奥の村では夏にアイスキャンデーと称した毒々しい色のジュースを凍らせたものしかなく、それでも僕にとっては夏のご馳走おやつだったのだ。

食生活も推して知るべしである。ご飯に大根や菜っ葉の味噌汁に鰯のみりん干しといった「粗食」が多かった。ある時母親が「今日はお前の誕生日だからご馳走だよ」というので楽しみにしていたら、生卵が追加されただけで少しがっかりした記憶が今でも残っている。当時は鶏卵の値段は高かったのだろ

うが、食べ物のがっかり思い出はいつまでも心にほろ苦く残るのだ。

少年の頃はタンパク質の供給源として鯨肉をよく食べさせられた。「また鯨かあ、たまには牛肉が食べたいなあ」と口には出さないが、固い鯨肉を噛みながら思ったものだ。最近多少記憶力に問題が出てきた老母に「子どもの頃はよく鯨を食べさせられたなあ」と言ったら、「そんなことはない、週に一度はすき焼きをしていたはずだ」と力説するではないか。僕は老母には逆らわないことにしているので、「そうだったっけ」と言うのが精いっぱいだった。

父はゼネコンの土木技師で会社員であった。昭和三〇年代のサラリーマン家庭では外食など一年に一度あるかないかで、それもうどん屋とかラーメン店ぐらいだったが、子どもの僕はうれしくてウキウキしたものだ。そんな食生活だったので、わが家は田舎から都会に引っ越したという文化的な移動もさることながら、日本全体が高度成長期で食生活も変化が大きく目新しいものが次々に経験できたのだった。特に思い出すのはお菓子である。初めてのショートケーキ、初めてのバウムクーヘン、初めてのシュークリームなど大感激だった。今でも目新しいお菓子が次々に発売され、時には食べてみるが子供の頃の感動には程遠い。

ある時僕の息子たちに「今の子供たちは可哀そうだなあ、生まれた時にはなんでも美味しいものがあって、僕が経験したような大きな感動はないんだろうなあ」と言ったことがあるが、息子たちには「余計なお世話だ、自分たちは美味しいものをきちんと楽しんでいる」と反論されてしまった。ごもっともです。自分の価値観を押し付けてはいけないね。しかし僕はいつまでも子どもの頃のあの感動をしみじみと思うのである。

文明開化の明治初期に、人々は戦後の高度成長期の変化よりはるかに大きな変化を経験したことだろう。大正時代の関東大震災の前後ではやはり文化的な変化が起こったという。そして戦後の僕たちが経験した時代である。それぞれの変化を肯定的に受け入れた人々と逆に、ノスタルジーの方が強かった人々もいただろうと思う。価値観は人それぞれなのだと改めて思うのだ。

※

最近の日本は外国人観光客だらけである。混雑による生活への影響が京都をはじめ各地の観光地で問題になっているようだ。彼らの目的は普通の観光の他に「日本的なもの」の体験もあるらしい。和服を着たり茶の湯を体験したり、忍者や侍の扮装も人気だとテレビなどで報じられている。もちろん品質の優れた日本製品をお土産に山と持ち帰る中国人旅行客も相変わらずである。

僕の子どもの頃は、日本製は粗悪で安物も多く「やっぱり舶来物は違うなあ」ということが多かった。もちろん僕が育ったサラリーマン家庭の目線である。今にして思えば、そのころでも裕福な人々は「日本のいいもの」に触れていたのだろうなあ。

そして日本的なものよりも、アメリカを筆頭にした欧米製品の方が一目置かれていた。例えば万年筆ではパイロットやセーラーといった日本製よりも、パーカーやモンブラン、シェーファーなどを持っていると鼻高々であった。国産ウイスキーよりもカティーサークやホワイトホースといった今では格下のウイスキーも高根の花だったと思う。フランスワインなど僕たち庶民にはまだ知られておらず、せいぜい赤玉ポートワインがワインの代名詞だったのである。

今では「手づくり」というと一目置かれるのであるが、僕の子どもの頃は「工場での大量生産」の方が魅力的であった。小学校の行事で「工場見学」というものがあった。ある時見学した大きな工場では、プラスチックのお椀のようなものが、すごい勢いで生産されるのを見て「これからはプラスチック製品を大量生産する時代だなあ」と誇らしく思ったものである。

あれから数十年、僕が子供時代に誇らしく感じたプラスチック製品は、今や地球を汚す一番の元凶として「脱プラスチック生活」を提唱されるありさまに落ちぶれてしまった。

やや愚痴っぽくなったが、馬券を当てて憂さ晴らしをしたい。今日はG2のアメリカJCCだ。これは固い。①のジェネラーレウーノと菊花賞馬④フィエールマンの一騎打ちになることは間違いない。狂っても①④のワイドは鉄板だろう。馬券は①④の馬連とワイドをいつもより金額を増やして勝負。ワイドが安いので①④2頭軸マルチの3連単も買いたい。相手は⑤⑩⑪の3頭だ。

結果といえば、何も当たらなかった。大外れの丸損だよ。何でシャケトラなの。とほほ。

二〇一九年一月二七日　根岸ステークス

競馬では根岸といえば記念の地、文明開化の先駆けに

根岸ステークスはダート重賞。G3の格付けである。もともとダート競走は芝コースの競走より格の低いものとされていた。本来芝の競走に使いたかった馬が、まだ脚がしっかりしないうちはダート戦を使うとか、芝ではとても太刀打ちできそうもない弱い馬が出るレースだと長い間思われていたのである。

しかし、パワーを必要とするダート戦は僕の好みのレースであった。僕が競馬を始めるずうっと以前になるのだが、タケシバオーという名馬がいて、60kgを背負いながら大差でダートのオープン戦を勝ったという。また僕が競馬を始めたころ、ハイセイコーとストロングエイトという馬がいた。この馬たちがダートコースで出す調教タイムが凄かった。1600メートルを1分35秒台で走るのである。

ハイセイコーは不良馬場の中山記念で2着馬に大差をつけて優勝した記憶があるが、このパワーはいかにもダート戦向きであり、一度ダート戦を使ってくれないものかなあといつも思っていた。しかし時は遥か昔、ダート戦には一流馬が食指を伸ばすような賞金の高いレースは無かったのである。競馬番組

も進歩をとげ、現在のダートの名馬は春と秋のG1戦を戦い、好成績を残した馬たちはドバイの国際レースを目指すようになった。そんな現在のダート戦線に隔世の感を持つのは、長年競馬をやってきた喜びでもあるのだ。

ところで根岸の由来は何だろう。このレースが設立されたときに調べたのだが、西洋式の競馬場が初めて作られたのが横浜の根岸で、江戸末期・明治初期とあった。文明開化のいの一番に競馬が入ってきたことが興味深い。もっとも当初は外国人のための施設で、今のように日本人が馬券を買うことはなかったようだ。

横浜競馬場と名付けられた旧根岸競馬場の一等馬見所という建物が現在でも残っており、三つの塔を持ったその姿は明治の文明開化の象徴ともなっており、実に風情たっぷりなのである。もちろん外観は現在でも見物できるし、この一帯は根岸記念競馬公苑となっていて、馬の博物館も併設されている。ここは熱心な競馬ファンの歴史的「聖地」となっている。

※

根岸といえば競馬とは関係ないが、東京都台東区に根岸という地名が見える。ひょっとしてこちらの根岸の方が一般には有名なのではないかと思う。有名なフレーズがある。「根岸の里のわび住まい」という文章であるが、その文章の前に適当な季語を含む5文字を入れると、なんとなく俳句になるというものである。例えば「ふる雪や」とか「五月雨に」などを入れると俳句として様になるようだ。

どうやら「わび住まい」がキーワードでこの雰囲気に合わない5文字はよくないようだ。例えば一茶の「やせ蛙」とか、単語自体に勢いのある「初鰹」が最初の5文字では作品として無理がある。この言葉がいつごろ出来たのか定かではないが、根岸という地は家督を息子に譲ったご隠居さんがひっそりと静かに暮らすのにむいていたようだ。

現在の地図を見ると根岸の隣は下谷である。これは古典落語の名作『黄金餅』の舞台でもある。死を悟った願人坊主の西念が、貯めた大金を餅にくるんで飲み込んでしまい、それを覗いていた欲の深い金兵衛さんが、西念を火葬した後黄金を拾い出し、麻布で黄金餅の店を開いたという噺である。伝説の名人志ん生がこの噺を演ずると、焼けかけた死体の腹から金を掻き出す凄まじい噺も、軽妙な語り口で何ともユーモアたっぷりな噺になるのである。

この下谷は明治時代には新宿・荒木町と芝・浜松町と並んで東京3大貧民窟と言われたほど貧しい人たちの集まるところだった。また現在の下谷から昭和通りを超えると、かの有名な吉原の歓楽街と山谷のドヤ街がある。いまでも一部の人たちからは敬遠される街である。

十数年前、一流会社に勤める知人を誘って「ディープ東京ツアー」と称してこの辺りを歩いてみた。出発地は南千住駅。お化け地蔵という大きなお地蔵さんのある廃墟のような寺に寄り、ツアーの無事を祈り山谷に向かった。この全国的に有名なドヤ街では、ちょっとした空き地で座り込み酒盛りをしている連中がいる。耳を澄ますと「昨日戸田ボートでやられちまってよ」などと、あまり勤勉ではない言葉が聴こえてきた。僕も少し耳が痛かったのだがね。

山谷から通りを超えるといきなり吉原である。住所は千束なのだが誰も正式な地名では呼ばないようだ。僕らが通過したのは昼だから、呼び込みのお兄さんもあまり外に出ていなかった。喫茶店に入り一休みしていると、窓の外をこの地にお勤めのお姉さんたちがちらほらと通って行く。エリートサラリーマンの知人と僕は、やや緊張気味も無事に浅草にたどり着き、虎姫一座の「笠置静子ショー」を見物した後、焼鳥屋さんで本日の小さな旅を反芻したのである。

さて、根岸ステークスであるが先週・先々週と丸損をしているので、何としても当てたいものだ。僕の狙いは東京コースが得意の⑫サンライズノヴァと昇り竜の勢いがある⑪コパノキッキングだ。この両馬を1、2、3着に、2、3着をG1馬④ケイアイノーテック、安定した成績の⑮キタサンミカヅキ、復調気配の⑥モーニンの3頭にした3連単フォーメーションで勝負だ。

結果といえばとほほの完敗。どこまで続くはずれ馬券のぬかるみぞ。

わび住まい競馬の聖地 わが根岸

二〇一九年二月三日　東京新聞杯

新聞は世間を映す鏡だが隅のコラムも味わいがあり

実は東京新聞杯というレースにあまり思い出はない。記憶が薄いというのが正確な表現だろうか。馬券を的中させて大儲けしたという記憶もないし、なんとなく寒い季節を通り過ぎる間に行われるレースという印象だ。これから春に向かってクラシックシーズンが始まる時期に、東京新聞杯ごときで熱くなってはいられない、これが僕の心の底にあるのだろうと思う。

ネットで過去の勝ち馬を調べてみた。ああこんな馬もこのレースを勝っていたのだなあと、10頭以上の名馬の名前が見えたが、そのレースぶりなどが記憶にまったくない。馬券が大きく的中したのなら記憶に残りそうなものだがそれもない。現在は春のマイル戦の頂上決戦である安田記念を目指す馬たちのファーストステップと位置づけられているらしい。

ところが一カ月後に行われる弥生賞だと記憶に鮮明なレースが格段に多くなる。馬券の的中も不的中もよく憶えているのだ。記憶に残るレースや馬が多い。この差ってなんなのだろう。普通に考えると弥生賞は皐月賞の前哨戦で勝ち馬は皐月賞の有力馬になる。だから印象に残るのだと思う。しかし東京新聞杯は安田記念と直結しない。僕のような馬券ジャンキーに取っては、ルーチンワークで過ぎ去るレースなのである。長年の反省をこめて今年は真面目に勝負しようと思う。

※

大昔、競馬は怪しげな連中が介在する「ギャンブル」であったのだが、朝日新聞社の「英断」により朝日賞ができてから、マスコミ各社は次々に協賛の賞を設けるようになった。逆に賞を設けていないマスコミは皆無ではないだろうか。おかげで競馬は「イギリス貴族が行っていた文化的な行事」にイメージアップした。僕が競馬を始めたころ、ギャンブルで身を持ち崩すのではないかと心配する親や親族への言い訳に「競馬はイギリスが発祥の文化的なものなんだよ」と言って煙に巻けたことである。なんとなく「そうか」と納得してくれたもんなあ。

東京新聞は中日新聞社が経営する東京のブロック紙であるが、明治時代にみやこ新聞という名で創刊され、名物の有名作家・黒岩涙紅《るいこう》を主筆に迎えて大いに売り上げを伸ばしたという。黒岩は後に退社し萬《よろず》朝報という新聞を発刊するのだが、これはこれで人気を博したという。

故・山本夏彦さんの著書を読んでいたら、萬朝報は『畜妾実例』という権力者や富豪のプライバシーを暴露する記事がたびたび掲載されたという。砕いていえば政治家や財界有名人のお妾さん情報で、世間の人々の好奇心を煽ったということだね。現在なら夕刊紙やスポーツ紙の有名人のゴシップ欄というところだろうか。

東京新聞には昔から人気を博している有名コラムがある。夕刊の文化欄に掲載される『大波小波』である。匿名の執筆者が遠慮なしにさまざまなことを書くのである。文芸関係のことが多かったので、有名作家たちが名を伏せて交替で言いたい放題を書いているのではと言われていた。結婚するまで僕の実家では東京新聞を購読していたので、僕はそのコラムを真っ先に読むのが習慣だった。僕はとにもかくにも文学部の学生であったのだ。

各新聞は様々な面にコラム欄を設けており、それを読むのが楽しみだった時期がある。十数年前に群馬県の愛妻君の実家に引っ越したのであるが、岳父殿は新聞を5紙購読していた。朝日・読売の全国紙、地元の上毛新聞、サンケイスポーツに赤旗までとっていた。一種の活字中毒だったのかもしれないが、僕もネットよりは活字の方が好きなので、ありがたく読ませていただいた。

新聞社の顔であるコラム、朝日なら『天声人語』読売なら『編集手帳』が有名だが、それよりも経済面や文芸面のコラムが面白かった記憶がある。僕の好みにすぎないのだが、小さなコラム欄の方が筆者の気取らない本音が表れているような気がしたものである。

読者は自分の好みの新聞を読んでいるのだろうが、たまには他の新聞を読んで異なる意見に耳を傾けるのも良いのではないかと思ったのが、この岳父殿のとっている5新聞を読んだ感想である。自分の認識の領域が広がる気がするのは僕だけだろうか。そしてスポーツ新聞のコラムは僕の実利、馬券の取捨にもつながったのである。

今は購読していないが、サンスポの競馬ページのコラムは、長年にわたって馬券の取捨選択に役に立ったものだ。中でもベテランの穴馬ハンターS氏、M氏と作家のT氏のコラムは僕の馬券の取捨選択に大いに貢献してくれたものである。基本的には外すのであるが、M氏とT氏はたまには当たるので、その観点からも助かるコラムであった。

ある時期サンスポ予想欄で本紙担当の方がいた。イニシャルを記すとわかる方も多いので伏せるが、本当に当たらないのである。これは大いに役立った。まずは彼の本命を軽視すること、それがどんな大本命であってもである。そして結果といえば、僕のあやふやな記憶でも9割方は外れたのではないか。しかしこれは予想紙の使い方としては馬券ファンの間ではノーマルな方法なのである。競馬ファンは実にひねくれた新聞の読み方をするものである。

さて、真面目に東京新聞杯の馬券を買おう。今年は4歳馬が強いと思うので、②インディチャンプ、⑤タワーオブブロンドン、⑮レイエンダの3頭を馬連ボックスで勝負したい。

うーん、結果は大外れに近かった。当たり馬券への道は遠いなあ。

競馬欄予想コラムは役に立ち

二〇一九年二月一〇日　共同通信杯

起こらなかった出来事も歴史になるとはなんのこと

新聞社はニュースを紙に印刷して家庭や企業に届けてくれる。政治、社会、スポーツ、文化、家庭などジャンルごとに記者が取材をして、編集部で取捨選択し整理して見出しをつけたり、大小のレイアウトを施し、印刷・配送の後、販売店から購読家庭に配達される。しかも早朝に。

では通信社とはどのような役割を持っているのだろうか。通信社が配信するニュースは新聞社をはじめとするマスコミや企業であり、自前の媒体を持っていない。世界各国に記者や特派員を配し、その国その地域の出来事を世界各地の報道機関に売っているのである。僕の理解の範囲だけれども、簡単にいえばニュースの総合商社といった感じであろうか。

一般的に新聞やテレビのニュースは、たまには誤報もあるけれどほぼ事実であると僕も含め誰もが思っている「新聞に書いてあったぞ」「テレビニュースで言っていたよ」という会話は、新聞やテレビはほぼ事実を報道しているという前提に立っている。

アメリカのトランプ大統領は、そんな僕たちの概念を打ち砕いてくれた。「フェイクニュース」という言葉を度々口にし、アメリカの大マスコミをインチキだと非難した。最初の頃はトランプ大統領の頭の中を疑ったものだが、最近の僕はほんの少しだけ理解するようになった。

一つの出来事でも、日本の周辺の国々ではまるで報道の内容が異なるのは誰でも知っていることだが、その国の立場からの報道をフェイクとは断じてこなかったのは、日本人の精神が控えめで用心深く、ある種客観的に物ごとを見るように教育されてきたからだろうと思う。しかし日本以外の国は声を大にして自国の正当性を主張し、時には日本を過去の歴史を持ち出して非難するのが常である。

先日ラジオで聞いた話題に、欧州のリトアニアというソ連から独立した小国はロシアからのフェイクニュースが一杯流れているとのことだ。内容は「ロシアはいい国だ」「ロシアと仲良くするといいことがある」といった全て「ロシアが素晴らしい」との内容で、リトアニア国民がゆっくりと洗脳されないように政府は注意を喚起しているとのことだ。

僕が学生時代の大昔、イギリスの歴史家E・H・カーの『歴史とは何か』という本を読んだ。「歴史とは過去と現代の対話である」とか「起こらなかった出来事も歴史的事実である」という文章が記憶に残っている。確かに中国の王朝の交代は、前王朝が悪いことばかりしているから、天命で新しい王朝、つまり我々が代わったのである、という正当性を主張することから始まるのである。手早く言ってしまえば、権力者が自分の正当性を広めるために歴史は作られるのである。

競馬の世界にも「関係者情報」というニュースは溢れている。昔のことだが文藝春秋の創始者・菊池寛は競馬好きで、馬券もたびたび購入していたほどである。その菊池寛の名言は今の馬券ファンの間でも生きている。「厩舎情報信ずべし、信ずるべからず」というものである。

競馬ファンは誰もが情報を欲しがっている。命の次に大切なお金を賭けるんだからね。スポーツ新聞や競馬専門紙に掲載されている厩舎情報は、参考にはされるのだが決定打の情報にはなり得ない。「ああ、関係者の本音が聞きたい」というのが僕も含めた馬券を買う側の本心である。

※

実は、僕は大学を卒業するころ、競馬雑誌の編集者だったのである。卒業と同時に正社員になるという約束でアルバイトで入った編集小僧だったのだ。そこには今では有名な競馬評論家や名物競馬記者も編集員として参加していた。その競馬記者が編集会議のある日、キラキラ目を輝かせて僕らに言った。

「昨日Sファームで聞いたんだけれど、今度の金杯ではMS（馬の名）が目一杯の勝負をするって話だぜ」。

僕たちはその話に無条件に飛びついた。金杯ではその馬から流し馬券を目一杯買ったのだが、結果といえば、確かにMSは猛然と、目一杯の走りでゴールに飛び込んできたのだが3着だった。そりゃそうだよね。他の馬だって目一杯の勝負をしているんだから。複勝だけを買えばいいものを、欲の皮が突っ張っているから連勝しか買わなかった。当時は単複と枠連だけだったからね。現在だったら3連複、3連単で買えたんだろうなあ。

これに懲りればいいものを、以後たびたび競馬記者から厩舎情報を聞いて、大いに馬券購入の参考にしたのである。やっぱり競馬関係者により近いところからの情報は欲しかったからなあ。しかし、これが本当に当たるのであれば競馬記者で大金持ちになった人間がいるはずだが、とんとそんな話は聞いたことがない。

現在の僕の馬券術といえば、数十のファクターの中からの組み合わせなのだが、当たり外れの波にどう乗るかが一番のテーマである。当たりっぱなしも外れっぱなしもないので、当たりだした時の2，3レースに金額をまとめて馬券を購入するという戦法だ。つまり「当たりの波が来た時に乗り損なわない」ということだろうか。今回の共同通信杯が、その波の来た時に重なれば、当たる確率は大きいと思う。

今回は小頭数なので3連単で勝負だ。④アドマイヤマーズの1着はまず確実だろう。2着も①ダノンキングリー、3着に⑤フォッサマグナと⑥クラージュドールの2頭の2点で勝負だ。

競馬には絶対が無いことは分かっているが、もうひとひねりだったなあ。

真実は神のみぞ知ると賭け続け

二〇一九年二月一七日　フェブラリーステークス

バッドボーイはグッドボーイだったのだ

2012年の秋は10月の初め、僕と愛妻君は群馬県の自宅から車で茨城県那珂湊に向かっていた。アンコウやオコゼなど鍋のタネを買いに行く年に3回ほどの年中行事である。車の中で競馬中継を聞いていた僕が急に「来たあっ」と大声で叫んだので、愛妻君には「運転に差し障る、事故を起こしたらどうするの」と大変怒られてしまった。

そのレースは京都競馬2歳未勝利戦。勝ったのは8番人気のバッドボーイ、騎手は中井裕二だった。単勝は40倍以上ついた記憶がある。僕はあまりうれしかったので、来年のクラシック候補、ご贔屓馬を見つけた気分になった。その後調教師も来年のクラシックを意識したのだろう、重賞レースを次々に使うようになった。

中でも際立ったのは年末のラジオＮＩＫＫＥＩ杯の2着である。勝ったエピファネイアのその後の活躍は知られているし、3着のキズナの活躍も周知のとおりである。僕はその年の牡馬クラシックはバッドボーイと心中することに決めたのである。ああそれなのにきさらぎ賞4着、弥生賞10着、毎日杯4着と賞金を加算できなかった。

このままではダービーに出ることができない。調教師のとった行動はダートの交流重賞・兵庫チャンピオンシップで賞金を加算することだった。実に甘い判断である。弥生賞大敗後は立て直し、京都新聞杯か青葉賞を使うべきだったのだ。いくら賞金を増やしたいと思っても、ちょっとダート戦を甘く見たね。

レースは散々な結果であった。1着コパノリッキー、6馬身差の2着ベストウォーリア、9馬身差の3着がソロル、そこから約7馬身以上離された5着がバッドボーイであった。1着から4秒以上離されたボロ負けは、完全に調教師のレース選択がミステイクであったことを証明している。馬券を買っていた僕はがっかりしたのだが別の収穫があった。

それはコパノリッキーの圧倒的な強さ知ったことであり、2着のベストウォーリアも3着のソロルも相当強いと思った。「今年のダート戦線はこれらの馬で儲けさせてもらおう」と、またもご贔屓馬を見つけた気分だったのである。誰もがそう思っていたのだろう、半年の休養後に出走したコパノリッキーは当然のように1番人気だった。

ところが10着という惨敗を喫してしまうんですなあ。次のレースも3番人気と高い支持を得たのに9着と惨敗を繰り返してしまったのである。この2戦ですっかりコパノリッキーの存在は、人々の脳裏から消え去っていったのである。僕を除いては。

そして約2カ月の休みを経て出走したフェブラリーステークスでは、16頭立ての16番人気、つまり最低人気だったのである。実は僕も少し疑っており、単勝・複勝は買わなかった。僕の馬券は1番人気ベルシャザールと2番人気のホッコータルマエ、そしてコパノリッキーの馬連・ワイドのボックス馬券である。

結果はご存じのとおり、コパノリッキーの逃げ切りである。ホッコータルマエ2着、ベルシャザール3着。単勝・複勝を買っていたらなあと大後悔だったが、馬連840倍、ワイドは約150倍が2つ当たり、1レースで3つの万馬券ゲットは初めての経験であった。

コパノリッキーを見出すきっかけとなったバッドボーイはその後大した活躍もせず引退をしたが、コパノリッキーはその後10勝を挙げた。その内9勝はG1戦だったし、引退レースとなった2017年の東京大賞典も3番人気ながら楽勝してくれた。多くの馬券を取らせてくれたコパノリッキーにありがとうと言いたい。そして彼を見出すきっかけを作ってくれたバッドボーイにも感謝したい。結果的にいえばバッドボーイは僕にとってグッドボーイだったのだね。

※

バッドボーイとコパノリッキーの成績と同じく、人生には悪いことと良いことが交互に、繰り返し起こるようだ。だから実に多くの諺がある。「禍福はあざなえる縄のごとし」「人間万事塞翁が馬」「七転び八起」「善悪裏表」「沈む瀬あれば浮かぶ瀬もあり」「好事魔多し」「楽あれば苦あり」などがすぐに思いつく。「一陽来復」も同じ意味だろう。

馬券も同じことだと思う。何度外れても自分なりの買い方を変えずに買い続けている限り、当たりがいつかはやってくるものである。馬券を買い続けること数十年だが、実感として馬券は儲かるものではない。損した分は一喜一憂したお楽しみ代だと思うことにしている。

それにしても自分の選んだ穴馬が、馬なりで手応え良く4コーナーを回ってくるときの快感は何に例えれば良いのだろうか。体の中心を貫く喜びの感覚は僕にとって中毒になっている。幸い僕の勝負事といえば馬券のみなので、愛妻君からもしかたなくだろうが理解をもらっている。競馬と飲酒に関しては寛大な愛妻君に大いに感謝している。

さてフェブラリーステークスの予想をしよう。このところ外れが続いているから、今度は当たる番だ。今回は③ゴールドドリーム、⑥インティと⑭オメガパフュームの三つ巴戦だ。馬連と3連単のボックスで勝負だ。菜七子人気の⑪コパノキッキングは人気先行で旨味がなく距離も長い。

さてさて、当たったもののいわゆるトリガミ。やはり3連単は難しい。コパノキッキングの善戦は無欲で追い込んだからで、欲をかいて先行したらボロ負けだったと思う。次走に期待。

禍と福は縄のごとしと古人言い

二〇一九年二月二四日　中山記念

忘却の彼方に輝く星いくつ やがては消える宿命(さだめ)なれども

中山記念は僕にとって不思議なレースだった。ここを目標にする馬とステップにする馬が混在するレースであった。1936年の創設というから歴史は相当古い。しかし2017年からはG1に昇格した大阪杯のトライアルとなり、地方馬の出走も可能となった。これで中山記念から大阪杯、宝塚記念という一流馬たちが競う春の中距離レースの大きな流れができたと思った。

春の天皇賞は3200mの長丁場。こちらには阪神大賞典、日経賞という長距離向けの前哨戦がある。宝塚記念は大阪杯を使った馬たちと天皇賞を使った馬、これら超一流馬たちの頂上決戦の趣も出てくるのではないかと僕は思った。

しかし、昨今はドバイの国際レースに参戦する馬も増え、僕の考える流れはやや古臭い認識だったのかもしれない。実際、一昨年大阪杯を勝ったキタサンブラックは次に天皇賞を快勝。ところが宝塚記念では天皇賞快走の疲れが出たのだろう9着と大敗した。

そして昨年大阪杯を勝ったスワーヴリチャードは宝塚記念を捨て、安田記念に出走した。僕は「東京コースが得意だから」という安直な選択ではないかと大変危惧をしたのだがやはり3着に負けてしまった。G1戦を勝つというのは大変消耗するものだとも思った。さらに休養後の秋の天皇賞では一番人気を裏切って10着と大敗を喫してしまった。

どうやら大阪杯G1昇格後の流れはまだ定まったとはいえないようだね。今年の中山記念は、勝ち馬が選ぶその後のレース選択に注目をしてみたい。

※

ネットの掲示板に面白い記事が載っていた。若い男性の質問だ。「『忘却とは忘れ去ることなり』というフレーズをよく聞きますが、当たり前ではないでしょうか？」というものだ。回答者の答えは「戦後すぐ大流行した連続ラジオドラマ『君の名は』の冒頭のナレーションです。質問の言葉の後に『忘れえずして忘却を語ることの虚しさよ』と続くのです。最初の一節を人々が口ずさむようになって、今に残っているのではないでしょうか」というものだった。

『君の名は』は放送時に銭湯の女湯が空になるほどの人気だったというが、僕は生まれて間もなかったのでよく知らない。ただ春樹と真知子という主人公の名前や、二人が数寄屋橋で待ち合わせをするシーン、真知子のストールの巻き方が「真知子巻き」として流行ったなどの断片的なエピソードは、後に得た知識として知っている程度だ。

近年流行ったアニメの『君の名は』は劇場で見た。男女の高校生が夢の中で入れ替わることや、小惑星の落下とその結果を変える時間と空間移動などそれなりに面白かったが、劇場内にお年寄りのご夫婦や女性連れが二、三組見られた。多分、大昔の『君の名は』のファンで、春樹と真知子の恋物語のアニメ版と勘違いして来られたのではないかと推察させていただいた。

僕の競馬の記憶も忘却の彼方にある。不思議なことに最近の記憶があいまいなのだ。中山記念を例にとると、ハイセイコーが不良馬場をぶっちぎりで勝ったのは昭和49年、アイフルとヤマブキオーが熱戦を繰り広げたのは昭和51年と52年、エイティトウショウが連覇したのは昭和57年と58年などすらすら出てくるのだ。しかし、去年、一昨年の中山記念の勝ち馬の名前がなかなか出てこない。ネットで調べて「ああそうだったか」と思い出すのである。

若くて競馬に熱中していた頃は、オープン馬は父母の名と、母の父の名を、準オープン馬は父と母の名を全部そらんじていたものである。僕の脳は酒にただれてはいても、若い脳だったし熱意もあった。主なレースの失敗と成功をノートに記したり、気になる馬の出馬表を切り取ってノートに並べて張ったりもした。今のようにネットで馬の記録が簡単に閲覧できない時代だったのである。

そんな行為を繰り返すことで競馬の記録も記憶に強く焼きついたんだね。知りたいことをネットで簡単に検索するのが現代のやり方だが、安直なのだろう検索結果は記憶の根っこには残らないようだ。まあ必要ならまた検索すればいいのだが、やがてそれすらも忘れなければいいね。

今は愛妻君と、「ほらあれはなんて言ったっけ？」といった疑問は、安直にスマホで検索せず、時間がかかっても自分の脳で思い出すようにしている。自分は知っていてもあえて相手には言わないのである。時に最初の一文字をヒントに出すのだか、これ一発で疑問を解消することが多々あるのだ。記憶の引き出しの不思議だね。

最近も「百人一首に載っている柿本人麻呂の有名な歌って何？」という疑問があった。一時間ほど二人で呻吟したのだが、何とか答えを出すことができた。「あしびきの山鳥の尾のしだり尾のながながし夜をひとりかも寝む」だった。脳は使わないと衰えるそうで、これからもできる限り自分の脳で考えたいと、夫婦でしみじみ語り合ったものだ。

さて中山記念の予想をしたい。なんとG1馬5頭の参戦である。これらの馬たちの本当に勝ちたいレースは何か、また中山1800mが得意な馬は何か、昨年の勝ち馬の連覇はあるか、調子の良さそうな馬は何かを総合的に判断し、僕の出した結論は⑨エポカドーロだ。馬券は単複と馬連流し。相手は①ウインブライト、③ラッキーライラック、⑦ステルヴィオの3頭。

どうもエポカドーロは成長していないようだ。早熟型とも思えないのだが、ああ無情。

年寄りの証拠か過去が輝いて

【番外1】思い出ほろほろ旅打ち競馬

福山競馬と益田競馬

3泊4日の旅打ちに出発

二〇〇一年秋九月の連休に、広島県の福山競馬と島根県の益田競馬の二カ所を回る予定で、3泊の旅打ちに出た。一日目は夕方に福山入りし、ホテルにチェックイン後、街に出て明日の勝利の前祝いだと勝手に決め、何杯かの杯を傾けた。一人旅だがなぜかウキウキする。翌朝は早起きし福山城を見物した後競馬場に入る。福山競馬は全国で唯一アラブ馬のレースが行われるので楽しみにしていたのである。

サラブレッドは元来、イギリス人が中東やトルコにいたアラブ馬を連れ帰り、イギリス在来の牝馬と掛け合わせ品種改良したものである。現在サラブレッドの父系を辿るとたった3頭の牡馬にしか行きつかない。ダーレーアラビアン、ゴドルフィンアラビアン、バイアリータークである。名前の通りアラブ種、バーブ種、ターク(トルコ)種であり、現在の世界のサラブレッドの約8割はダーレーアラビンの子孫である。つまりサラブレッドはアラブ馬の進化形なのだ。

当時の福山競馬の出馬表を保存しておけばよかったのだが、手元には何の資料も残っていない。今では全国的にアラブのレースは無くなったと思うがどうだろう。福山での馬券成績は悪く、ほとんど外れたのではないだろうか。競馬場は福山市郊外の河川敷にあったと記憶するが、川の向こうには低い山が見えていた。名は知らないが頂上からの景色はよさそうである。観客は多くなかったがこぎれいな競馬場で、特に印象に残るものも、特色ある食べ物もない平凡な地方の競馬場だった。

地方競馬といえばローカル色豊かな牧歌的雰囲気と思う人もいるだろうけれど、そこはやはり鉄火場である。怪しげなコーチ屋やノミ屋などが跳梁跋扈する世界でもある。オッズを眺めていると不思議な動きをする数字をたまに見かける。誰かの情報がある馬券に集中しているのでは？　との疑念もわく。しかし、僕はそんなことも含めて勝負馬券を選んでいるのである。

ところが福山競馬には、そんないかがわしさが一切なかった。清潔そのもので少々物足りなかったといえば、褒め言葉になるのか悪口になるのかわからない。ただ僕が訪れた時の、眺めた範囲のみの感想ではあると補足しておきたい。また現在福山競馬は廃止されているので確かめようもない。

木戸孝允旧宅の前の蕎麦屋

競馬が終わると新幹線で小郡に行き、路線バスで萩に向かう。萩へ向かう途中、家々の屋根瓦が赤いのに気が付いた。あとで調べると石州瓦と呼ぶこの地域独特のものであった。見慣れない風景も旅の楽しみの一つだね。萩と津和野は観光旅行のセットだが、今回はスケジュールの関係で津和野観光はパス。

萩に着いたのはもう日も暮れていた。翌朝から萩観光だ。松陰神社、松下村塾は必見だね。吉田松陰は獄死したが、彼の門下生の多くは明治維新の立役者になり、近代日本の礎を作った。まさに松陰は歴史に多大な影響を残した思想家であったのだ。

余談だが、東京の世田谷区にも松陰神社があり、ここは江戸で獄死した松陰を祀っている。すぐ近辺の豪徳寺には井伊直弼の墓があり、安政の大獄の主役のご両人が死してのちご近所さんになっているのは興味深い。

木戸孝允の旧宅から豪商・菊屋家住宅を見学し、高杉晋作の誕生の地を巡る。多くの人々は近代日本が生まれた息吹を感じて気持ちを新たにするのだろうが、僕にはまず飲み食いの欲が優先する。木戸孝允の旧宅の前には蕎麦屋があり、そこの蕎麦が絶品であると福岡の友人から聞いていたので、さっそく早い昼飯となった。

蕎麦一枚にひや酒一合を頼むとお通しに山葵の茎の漬物が出てくる。これが何とも美味い。酒も進み蕎麦も進み、それぞれお替わりをお願いする。若い女性の店員さんは「お替わりですかあ」とやや呆れ顔だが、知ったことではない。僕の萩の最高の思い出はこの蕎麦だと断言する。

昼前に萩を出る山陰線の汽車にのり益田に向かう。寂しい日本海の海辺を辿る旅は、止まる駅にもあまり人影も見えず、しかも10分以上も停車することがしばしば。ローカル線ならではだろうが、地の果てに来た感じもする。

しみじみひなびた大谷温泉

益田市に近づくと車窓に突如開催中の競馬場が現れる。本日と明日勝負に行く益田競馬場だ。駅からタクシーを飛ばして競馬場へ行く。残りレースはあまりなかったので、儲けも損もほどほどだったが、明日の勝負の感触を掴めたことが良かった。最終レース終了後は予約しておいた大谷温泉かじか荘にタクシーで向かうが、タクシーの運転手さんは、何用あってそんなところに行くのかという態度だ。どうも嫌な予感がしたのだが、それが当たった。

実は益田市の近所に温泉はないかと日本地図を広げたところ、大谷温泉という文字があったので市の観光協会に電話をすると、かじか荘という宿が一軒あるだけの温泉だった。電話番号を聞きかじか荘に予約の電話を入れると、調子のよい女将さんが「ハイハイ、予約を承りました。どなたさまも一泊二食付でこのお値段です」とのこと。

僕は「お値段は上がっても良いですから、食事にはおいしいものを用意してほしい」と頼むと、「ハイハイ分かりました大丈夫です」との答え。一応安心するではないか。ところがこの「ハイハイ」が曲者で、宿に着いて「ビールを頼みたいのですが」と言うと「ハイハイ一階の廊下に自動販売機がありますからお好きなだけどうぞ」ときた。そうか、では「何かお漬物でも見繕ってくれませんか」と頼むと「ハイハイどうぞ」と持ってきたのはビニールのテトラパックに入った柿ピーのみだった。

部屋は二階の角部屋で山側の斜面の広葉樹がまずまずの爽やかさを醸し出していたが、ふと下を見ると小さな池があり、中年の男性が池の中に入り網で魚を捕ろうとしている。魚が素早く泳ぐのでなかなか捕まらない。難儀なのに業を煮やしたのだろう、とうとう池の栓を抜いて水を流し出した。最初は「いったい何をしているのだろう?」と疑問だったが、もしかして「僕の夕餉はあの魚か!」と思いつくと、その思いはだんだん確信に変わっていった。

果たして夕食のお膳には、生の川魚、多分イワナだろうと思うのだが、それを骨ごと細かく筒切りにしたもの、いわゆる「背越し」が一匹分乗っていた。見る限り動物性たんぱく質はそれだけである。うーん、せめては豚肉か鶏肉の煮たものか焼いたものがもう一品欲しいなあと思ったのだが、我慢するしかないのよね。

風呂は半地下のような日の当たらない狭い風呂でぬるくて濁っていた。一応温泉を名乗っているのだが、温泉が売りの宿とは思えない。地域の人がくつろいで楽しむ施設の一つかと思えば、当たらずとも遠からずの印象だ。僕のような東京から競馬をやりに来た人間、もしくは観光客などを泊めることはあまりないのだろうと察しがついた。

耳吸い猫と地域の運動会

翌朝、会計をすませ昨日頼んでおいたタクシーを待つ。約束の時間になっても来ないので、女将さんに尋ねると「ハイハイ、予約するの忘れてました」ときたもんだ。改めて頼んでもらい宿の前のベンチで待つことにした。道路の向こう、30mもあるだろうか、真っ白い猫がじっと僕を睨んでいる。僕も睨み返すと猫はいきなり僕に向かって走り出し、座っている僕に飛びついて耳たぶをちゅうちゅうと吸いだすではないか。

こりゃあ気色悪いとしばらく猫と格闘してようやく引き離すと、また飛びつこうとする。女将さんにこの猫の仕業は何かと訪ねると「ハイハイあの猫は耳たぶしゃぶりが好きなんですよ。ただ誰でもというわけではなく好みがあるようですよ。お客さんの耳は好かれたんだねえ」と褒められたのだか、馬鹿にされたのだかわからない。

そのうち何故かタクシーは来ないことになり、宿でお手伝いをしている女性の軽トラで僕を駅まで送ってくれることになった。「すまないからこれを持って行って」と女将さんが差し出したのが、この近辺の名物だという長茄子。長さが40㎝もあるのが10本以上だ。これから勝負する僕にはありがたくない。ナスはナシに通じ勝負には縁起が悪そうなので、丁寧に遠慮することにした。軽トラを運転する女性に「何でタクシーは来ないのですか」と訪ねると「今日はどこでも大会だからねえ」という。「はあっ大会？」と聞き返すと、大会とは子どもの学校の運動会のことで、この地域では仕事よりなにより優先する大事な行事とのことだ。

駅に行く途中に早川雪舟の作った庭園があるお寺が有名とのことで、その前で降ろしてもらい、庭園見物としゃれ込んだ。さすが早川雪舟と言いたいが、実は僕は日本庭園の観賞は苦手なのである。京都市内に10年住んでいたので、お寺の庭は嫌というほど見ているのだが、どうにも目が肥えていない。雪舟の庭園も感想といえば「ふーん」という程度で、愛妻君に報告するためにとりあえず観ておいた程度で、以上も以下でもない。

禍福は交互にやってくる

益田競馬は日本一小さな可愛い競馬場だ。コースとスタンドの間に一般道路があり、車が行き来しているのがユニークだ。2階から粗末なスレート葺きの装鞍所を眺めると、向こう側にはやや黒みがかった日本海が見える。まだ冬でもないのに波が荒く、大きな白い波頭が見える。パドックも小さく粗末でいかにも最果ての競馬場という趣に満ちている。

場内食堂のメニューも独特なものはあまりなかったが、壁の上部に人物写真が額に入れられ掛かっていた。七分丈の絣の着物を着てリュックを背負った「裸の大将」山下清である。写真には画伯と一緒に「昭和三十一年益田競馬、4月28日〜5月3日、主催・益田市」と記した看板も写っている。ふーん、これは良いものを見た。

しかし、山下清画伯は何用あって益田競馬場に来たのであろうか、僕には知るすべがない。ただネットで検索すると、画伯の放浪の旅は昭和三十一年で終わっているので、ひょっとすると放浪の最後の訪問地が益田競馬場だった可能性は無きにしも非ずである。もしそうだとしたなら感慨深いなあ。

益田競馬の馬券はよく当たった。当時の資料はもうないが、10レースあったとしたら8レースは当たった気がする。配当は高くなくとも当たりが多いのだからお金は増える一方だ。10万円は儲からなかった気がするが、それに近い儲けだったと思う。旅費の半分以上は取り戻した記憶があるからね。なんとなくインケツなかじか荘だったが、馬券ですべての運を取り戻した気がするね。まさしく「禍福はあざなえる縄のごとし」だった。

またまた余談だが、当時益田競馬のエースだった御神本訓史《みかもとのりふみ》騎手は、益田競馬が廃止された後、東京の大井競馬場の所属騎手として、南関東の競馬でも大活躍をしている。一時姿を見なかったが、「調整ルームに部外者を入れたり、抜け出してカラオケに行く、また喧嘩をして警察沙汰になったりと規則破りの達人」だと本当かどうかわからないが、ネットに書いてあった。性格が自由奔放なのだろうと思うが、もしかして益田競馬では、スター騎手にはそういった「自由奔放」が黙認されていたのかもしれないね。

かじか荘の女将の弁護もしておこう。僕のようにこまごまと神経質に物事を考えない、おおらかな女性なのである。懐が広くて深くて、太っ腹で日本のお母さんの代表選手だと思っている。きっと僕のことも、「何やらかにやら要求が多いお客さんやね～え」ぐらいにしか思っていなかっただろう。郷に入りては郷に従うべし。益田に東京の生活リズムを持ち込んでいる僕の方が悪いのである。

蟠竜湖と柿本神社

タクシーで益田競馬場を後にした僕は、石見空港に向かうのだが、飛行機の離陸時間まで大分あるので益田観光をすることにした。運転手さんに「どこか観光地に行ってください」というと「蟠竜湖かなあ」とやや心細い声。早速行ってみると、まずまず綺麗な景勝地という感じだが、日曜日の割には誰もいない。3歳ぐらいの女の子を連れたお母さんが娘と一緒に鯉に餌をやっているぐらいだ。東京の井の頭公園ぐらいの眺めなのだが、あの賑やかさはない。その静寂が僕には得難くて良いと思うのだが、運転手さんはいかにも恥ずかし気なのだ。

「次はどこか見るべきところはありますか」と聞くと、「海岸をドライブするかなあ……」とまたも心細い返事だ。そして「柿本神社というのがありますがどうでしょうか」ともいう。柿本人麿を祀っている神社の本家だという。人麿といえば歌聖と讃えられている有名な万葉歌人ではないか。ぜひ行ってみようと向かうと神社には誰一人いない。丘の上に社があるので行ってみると、やはり誰もいない。と思って社の裏に回るとなんと若い男女が熱い接吻を交わしている最中だった。僕は悪いこともしていないのだが、慌てて逃げ出してしまった。

もう行くところがないので石見空港に向かった。時間はたっぷりあるので、レストランで飲み食いして時間をつぶした。以前金沢競馬に行った帰り、小松空港でいい気になって飲み食いしていたら乗る予定の飛行機が飛んで行ってしまったという苦い経験があるので、用心深く何度も時計を見ながら、益田競馬の勝利の余韻を楽しんだのである。

柿本人麿に触発され一首詠んでみた。

白猫の　われの耳たぶ　吸いし朝　石見の野辺に　駆けし馬あり
なんのこっちゃ。

【番外2】思い出ほろほろ旅打ち競馬

荒尾競馬と高知競馬

住宅街を抜けると競馬場

九州にはかつて地方競馬が3カ所あった。佐賀競馬、大分県の中津競馬、熊本県の荒尾競馬である。中津、荒尾と廃止になり、現在は佐賀競馬だけが開催している。僕が荒尾競馬を訪ねたのは2002年の3月である。この旅の最終目的地は高知競馬で、その数年前から開催されているJRAとの交流重賞「黒船賞」で勝負することであった。

荒尾競馬は単独ではなかなか足が向かず、高知競馬とセットにしたもので、どちらかというと「おまけ訪問」であった。東京・羽田から飛行機で福岡空港まで2時間弱である。福岡空港と博多駅は地下鉄で15分もあれば行ける至近距離なので大変助かる。博多駅から鹿児島本線で熊本県荒尾市までは2時間ぐらいだっただろうか。東京を朝出発すると昼過ぎには荒尾競馬で馬券を楽しめるというわけだ。

タクシーもあるが割と近いので住宅街を歩いてみた。きれいに整った住宅街で、あまり「田舎感」がない。関東では住宅街の中にある浦和競馬の趣に似ている。場内もきれいに掃き清められている。はずれ馬券が風に舞う殺伐感がない。なんか健康的すぎるぞ、と思った。場内の一角には食堂街があり、棟割長屋のように5軒ほどが整然と店を並べている。土地柄だろう必ずちゃんぽんがある。後は定番のカレー、ラーメン、焼きそば、焼き鳥、おでん、ホルモンで、どの店もメニューは同じだ。

店の名前も朝日屋、だるま食堂、大吉食堂、八幡屋食堂、ダービーといかにも競馬場らしい名前であるが、やや平凡だ。僕の記憶では「当り屋」とか「大勝屋」「連勝軒」など身もふたもない露骨な名前の店が関東の競馬場にはあった。遅めの昼飯をどの食堂で食べるか迷ったが、呼び込みのおばさんの愛想で決めた。ちゃんぽんとビールを頼んだが、うーん普通の味だったぞ。

コースの向こうは海だった

荒尾競馬場のコースの向こうは海である。有明海だね。スタンドの高い部分に陣取ると、船の行き来が見えるのが、他の競馬場にはない景観だろうか。コース際の柵にしがみついていると、船のマストだけが、堤防の向こうを移動している。ちなみに関西の園田競馬場からは伊丹空港を発着する飛行機が見える。

観客はやや熱い。僕が訪れた時だけ熱い人がいたとは思えない。馬がゴール前に来るとだみ声の大声がいくつか響きわたる。叫び声の定番「そのままっ!」とか「差せえっ!」などに交じって、馬券の金額を叫ぶ人もいて、ほほえましかった。曰く「やったあ、特券1点で取ったあっ!」とこれ見よがしに馬券を見せるのであるが、配当は3倍もないので、これは金額よりも1点で的中させた喜びが大きいのだろう。おそらく1万円買っていたら叫ばなかったのではないかと、僕は勝手に想像するのだ。ギャンブラーの心理として、大儲けは妬まれるので隠しておきたいからである。千円が3千円になったのだったら、誰からも憎まれないからね。

僕の馬券の成績は散々だった。ほぼ全滅だった記憶がある。僕の馬券の買い方はほぼワンパターンで、まず持ち時計、次にコースの巧拙、最近の成績が上昇中か、下降中か、距離別成績、騎手の腕などである。これらを組み合わせ、中央競馬だと血統を加味する。どの予想ファクターを重視するかは、その時のひらめきによるのだが、当たるときは当たり、外れるときは外れる。また時には場立ちの予想屋の予想も買ったりするが、これはまず当たらない。逆に予想屋の予想を買って、それを外して買う方がよく当たりそうだ。

博多湾の小魚料理は超絶品

荒尾競馬から福岡に戻り、現地に住む旧友と会食をする。この友人は九州の生まれ育ちの上酒飲みなので大変美味しいものには詳しい。彼が東京に転勤で単身赴任をした際に知り合ったのだが、妙にウマが合うので、彼が福岡に戻っても時々往来するのである。彼の一番のおすすめは能古島の小魚料理である。彼が贔屓にしている店の主人が、博多湾で取れる魚、特に小魚を料理して出すのだが、これが美味い。

例えば5センチほどのフグの唐揚。食べる部分はほんの少しだが、ちゃんとフグの味がする。また市場では出回らないような小さな鯛の焼き物も絶品だった。刺身、揚げ物、煮物、焼き物と小魚ばかり一通り食べて飲み、茶漬けか蕎麦で締めるともう大満足である。

能古島は『火宅の人』で知られる無頼派作家・檀一雄が最後の住処を置いた島である。彼もこの島の料理を食べたのであろう。もし、この島の料理に触れた文章があったら読んでみたいものだと思う。この島には福岡市の姪浜という港からフェリー船で約10分と近いのだが、それでもなかなか訪ねるのは面倒くさそうで、今でも穴場ではないかと思っている。

博多湾には、ちょっと足を延ばさなければならないが、おいしい魚料理の店がたくさんあり、何軒か案内されたが、まず外れはない。また冬限定だが、糸島半島の牡蠣小屋にも案内された。バケツに入れた生牡蠣を七輪の炭火で焼いて食べるのである。酒は持ち込み自由、牡蠣が蓋をあけるときに中の汁がはねたりするので、ジャンパーが貸し出される。軍手をはめて炭はさみで牡蠣を焼くのだが、何とも野趣に満ちていて楽しい。この牡蠣小屋の仕組みは今では東京でも見られるが、糸島ではビニールハウスの中、もうもうたる煙の中で楽しむので、東京ではやはりお上品になってしまうのが難ではある。

良くも悪くも際立つ高知の県民性

翌日の昼過ぎ、福岡空港から高知に飛んだ。今までこんな小さな旅客機に乗ったことはないというほど小さな飛行機だ。双発のプロペラ機で、操縦士は正副2名いるのだが、CAはいないし、機内サービスもない。定員20名ぐらいだろうか。当日の乗客は10名いたかどうかである。しかし何事も初の経験というのは楽しいものだ。窓から見える地上の景色を見ているうちに高知龍馬空港に着いてしまった。

高知県人のほとんどが坂本龍馬を誇りに思っているが、他にも板垣退助、濱口雄幸などの政治家も誇るのである。高知県人曰く「これらの人は、郷土のためでなく、日本国のため全国民のために私欲を捨てて働いた。出身県に利益を誘導するようなちんまい人間はおらん」ので自慢なのだ。なんだか暗に長州人や薩摩人は私利私欲が優先していたと言わんばかりである。ついでに記しておくと、明治の自由民権運動のリーダー中江兆民とその弟子幸徳秋水も高知県人である。

日本各地にはそれぞれお国自慢や県民性があるのだが、中でも高知県は一、二を争う際立った特徴があると思う。その一つが良くも悪くもだが、人々の性格の荒々しさである。これは四国の他三県とは山地で遮られ、南の太平洋と正面から向かわざるを得ない地理的な条件によるものと僕は思っている。室戸台風など大型台風がしばしば直撃するので「台風銀座」はいまも高知県の別名となっている。実は僕は子供のころに高知県に一年半ほど住んでおり、今回の高知競馬行は、かつて自分の住んでいた村を訪ねる「センチメンタルジャーニー」も兼ねていたのである。

その村は当時の住所表記だと、高知県香美郡物部村字大栃といい、現在では高知県香美市物部町大栃である。あまり変わらないね。僕たち家族は小学校の一学期の始まりに合わせて、東京から転居したのであるが、僕は登校初日に上級生二人に待ち伏せされ締め上げられてしまった。僕が三年生だから彼らは四年生だ。たった10歳の子供がですよ、僕の胸ぐらをつかんで、ゆすりながら凄むのである「おまんなあ、東京から来たっちゅうて舐めたらいかんぜよ」と脅かされた。

映画『鬼龍院花子の生涯』で夏目雅子演じる松恵の「舐めたらいかんぜよ」という有名な台詞と全く同じである。僕の経験の方が映画よりはるかに昔なのだが、上級生たちは東京から来たかっこいい男子に女子の人気が集中すると思っていたようである。だから早いうちに釘を刺しておこうということだったと思う。東京から「かっこいい?」男子の転校生が来るぞという情報は、学校内、特に女子には非常に早く伝わっていたようだ。

そんな風に高知県人は直情径行で乱暴なのである。当時、僕の聞いた話を紹介しよう。ある工場から汚水が排出されていると聞いた男が、こりゃあ許せんぜよとコンクリートミキサー車で乗り付け、その工場の排水溝を埋めてしまったのだ。根っからの悪意があるわけではないのだが、行動が単純で乱暴な一例である。当然彼は逮捕されたのだが、多くの人は彼を英雄視したことも事実なのである。

また、大酒を飲むのが美風でもある。赤岡町のどろめ祭りでは、日本酒の大杯飲み干し大会があり、男性は一升、女性は五合をほぼ30秒以内で飲むらしい。いまでも高知市内の喫茶店ではモーニングセットに、オーダーがあれば生ビールをつけるところがほとんどである。僕の住んでいた当時は高校生のコンパ(集会)では酒やビールは当たり前に飲んでいたという。

センチメンタルジャーニー

空港からタクシーで高知県の物部町大栃に行ってみた。およそ一時間弱。50年以上前に住んでいた家はなく、駐車場になっていた。街の家々は新しくなっていたが、坂道の幅や傾斜の感じ、用水路、ため池などは昔の面影を残していた。小学校に行ってみると、校舎は建て替えられてしまっていたが、周りの山々とダム湖の景観は、当時の記憶を蘇らせるには十分だった。

僕が住んでいたのは昭和三十四年四月から三十五年の八月までだったが、皇太子（現上皇陛下）時代にご成婚があり、少年マガジンと少年サンデーが創刊されるなどエポックメーキングの年だった。テレビがわが家に来たのもご成婚に合わせてだった。山奥なので山の上に建てた共同アンテナから線を引いてつなげて観ていた。子供たちに人気だったのは『少年探偵団』だ。毎週放映時には友達が何人か見に来ていた記憶がある。

この時代の友だちにO君がいた。僕は高知の次は京都に引っ越し、さらに東京に移ったのだが、O君とは文通を絶やさず、また彼も一時東京に住んでいたりしたものだから、付き合いは続いていた。彼は結婚して名古屋に定住することになったが、一度も訪ねて行けず、連絡は電話と手紙だけだった。彼は数年前に病を得て60歳の若さでこの世を去ってしまったが、彼を思い出すたびに、高知県の山奥の小さな村の風景が目に浮かぶのである。

大栃から高知市内のホテルまでタクシーで向かい、夕食をどこかでとるべく街に出た。はりまや橋近辺の飲み屋に入りカウンターで飲み食いをしていると、横に若いカップルがいた。女性が煙草を吸うと男性が「おまん、煙草吸いよるとか？」と聞き、女性が「お父ちゃんには内緒やきに、ばれたら殴られるきに」と高知弁の会話が聞こえてきた。

それを聞くだけで異国情緒とまではいかないが、僕の胸には旅情があふれ出すのである。激しく湧き上がる感傷にどっぷり浸り、酒が進みすぎてしまったが、ホテルに戻ると階上のバーでさらに飲んでしまった。子供のころに通知表の通信欄に担任の先生から「情緒に流されやすい」とたびたび指摘をされたが、持ったが病ということで、性根は治らないことがしみじみと解った。

バーの女性バーテンダーさんは大変な美人だったので、写真を一枚撮らせてもらった。後でその写真を見ると、それほどの美人でもなく、またブレブレのピンぼけ写真だったのである。アルコールの力はすごい。女性の美を3倍に見せる力があることを再認識させられた。

黒船賞は馴染みの馬で勝負

翌日はこの旅打ちの目的地、高知競馬場に出陣した。といっても目的は黒船賞で、狙いは本命と目されるサウスヴィグラスである。対抗はノボジャック、ノボトゥルーの2頭である。みなJRA所属の快速馬であり、1~3番人気に押されていた。当時はネット馬券が普及しておらず、電話投票もJRAのレースのみだったので、こうして出張してきたわけである。しかし、何万円も何十万円も買うわけではないので、知らない人には馬券買いが病であると説明しなければ理解してもらえない。

僕の馬券はサウスヴィグラスの単勝とノボ2頭への馬連であった。もちろんサウスヴィグラスは大楽勝し、馬券も安いけれど的中した。配当の問題ではないのだ、的中することが競馬では大事なことなのである。固ければ手堅く抑え、荒れそうならば大穴を狙う。それが自分の想像というか、希望通りに決まった時、脊髄にゾクゾクとした快感が走る。それがすべてなのである。綺麗ごとをいえば金額の問題ではないのだ。

今でこそネットで馬券が買えるのだから、わざわざ現地に行く必要はないと思うかもしれないが、旅打ちの楽しさは旅行、ギャンブル、飲食の3点セットにある。東京の新宿の場外で馬券を買って、近くの居酒屋で飲食をするのは日常であり、旅に出るのは非日常なのである。汽車や飛行機に乗り、アルコールで脳をかき混ぜながら、これから起こるであろうワクワクやドキドキを空想して楽しむ時が一番の至福なのである。

高知競馬場から空港まではやや遠いが、途中で名勝・桂浜を通る。せっかくだから坂本龍馬の銅像に挨拶をした。しこたま飲んだ酒のせいだとは思うのだが、龍馬が僕に話しかけているような気がした。

「わしも馬の字がつくけんど、おまんも好きもんやのう、これからもせいだしないや」

【番外3】思い出ほろほろ旅打ち競馬

上山競馬と盛岡競馬

絶望と怒りの宇都宮競馬

この項のタイトルは「上山競馬と盛岡競馬」なのだが、上山競馬に向かう前にまず小手調べと宇都宮競馬場に立ち寄ったのが失敗だった。「行きがけの駄賃」とばかり、ちゃっかり儲けようとの目論見は、逆にとんだ散財になってしまったので、簡単に顛末を記しておこう。

２００２年秋だった。そもそも旅打ちの目的地は上山競馬だったのだが、新幹線が宇都宮を通るので、途中下車して馬券資金を増やして行こうと欲をかいたのが大間違いだった。第１レースから競馬新聞の目も、予想屋の予想もまったくの外れが続き、成績の悪い馬、前走惨敗している馬が実にいきいきと走って上位に来るのだ。当然本命馬は押せど叩けど後方をとぼとぼ追走するなど、見る影もなく惨敗を喫することがほとんどだった。当然だが買った全てのレースはかすりもせずの大負けを喫するという、精神的にも財政的にも全く良くないことになった。

しかも新幹線に乗るので、最終レースを捨てて駅に向かうため、タクシーを予約していたのだが、タクシーだまりに行っても運転手がいないではないか。イライラして待っていると「最終レースの馬券を買っていました」と、のんびり戻ってくるではないか。「何をしてるんだ」と怒ってもどうにもならない。急いで宇都宮駅に向かったが、予定の列車に飛び乗ったのは、発車のベルが鳴っている最中だった。やれやれ。

「寂しそう」なお一人様

上山温泉では、割と大きな観光ホテルに泊まった。名前は忘れてしまった。やはりパンフレットやタオルなど宿の名前が書いてあるものをもらってきて、思い出にするべきだった。この宿では夕食も朝食も広いダイニングルームで食べるので、ホテル中の宿泊客を眺めることができる。実にありとあらゆる組み合わせを眺めることができた。いろいろな世代の夫婦とおぼしきカップルや歳の差が目につくカップル、子連れの家族、女性グループ、男性グループ、男女混成グループ、学生のグループまでいた。しかしお一人様は僕一人だけ。料理を運んでくれる中年の仲居さんに、食事も半ば過ぎたころ「寂しそうですね」と声を掛けられたのである。

「そうでもないですよ」と普通の態度で言ってはみたものの、実に不愉快ではないか。おいしい料理に舌鼓をうち、おいしい地酒で喉を潤して、明日はどう儲けてやろうか、うふふ……。なんて一人で楽しんでいるのである。放っておいてもらいたいというのが普通の感覚ではないだろうか。だいたい一人旅の男に「寂しそうですね」と声をかける女性には、ある種のいかがわしさを感じるのだが、いかがなものだろうか。しかし、温泉のお湯は普通に良かった。湯につかると身も心も癒されるからだ。また夜の温泉街も風情があり、そぞろ歩いて土産物店などをひやかすと、宇都宮競馬の痛手も徐々に薄れていったのである。精神的に疲れた一日だったが、温泉と酒の力を借りて熟睡できたのはありがたかった。

風光明媚な上山競馬場

翌日は朝一番で競馬場に乗り込んだ。驚くべきことに実に景色が良いのである。これは予想外だった。競馬場は町の高台にあり、山形方面の景色が一望できる。やがては最上川に合流する須川の流れる谷沿いの景色が実に美しい。かすかに朝もやが谷底に残って漂っているのが風景に味わいを与えている。

上山は歌人・齋藤茂吉の故郷である。上山には斎藤茂吉記念館もあるが、今回は競馬場が優先である。齋藤茂吉の作品にはあまり触れたことがないが、彼の次男である北杜夫の小説はよく読んだ。彼は軽妙なタッチの「どくとるマンボウ」シリーズで知られるが、きっちりした小説も多く書いている。なかでも僕が代表作かもしれないと思っているのが、長編小説『楡家の人々』である。この小説の中に、たびたび上山の風俗や上山の人々が登場するのである。上山の人々がどう描かれていたのか、あまりはっきりと記憶はないが、楡脳病院の院長は地元選出の帝国議会の議員でもあり、その選挙運動や陳情のような場面が描かれていた印象がある。

当日の競馬はほとんど小頭数で行われた、あとで調べるといつも小頭数で行われているとのこと。競馬新聞の印を参考にあまり穴狙いをせずに馬券を購入したのだが、よく当たる。配当は安いのだが、何しろ当たるのだから徐々に資金は増えてゆく。

そして後半のレースはかける金額を増やして勝負する。午前中と同じように安い配当の馬券が当たるのだが、8倍ぐらいの配当が2点ほどで当たるといい儲けになる。賭ける金額を増やしたレースを3つほど当てると、旅行代金すべてを賄えるわけではないが、気分はルンルンである。美しい景色を背景にサラブレッドが疾走する姿は実に絵になる。こんな競馬場は他にはないと思った。しかし損を重ねたらまた違った思い出になったかもしれないね。

短くも楽しい観光を満喫

競馬が終わり、帰京の列車は遅めに決めてあるので眺めの良いところに行こうと思い、タクシーの運転手さんに話してみると眺めのよい高台があるとのこと。山形市に向かって右側の山に入り、九十九折のような道をぐんぐん上ると道の途中に広くなっている場所があった。そこが展望台になっているのだという。車を降りて眺めてみるとはるか向こうに山形市が見える。夕闇が迫る薄暮の中、空はまだ明るいが少しずつ街の明かりが灯っていく様子が見える。「う〜ん、余は満足であるぞ」という気分になる。

駅に戻り、蕎麦屋を探す。東京で山形の蕎麦といえば「へぎ蕎麦」である。へぎという多分杉の板というか、長方形の浅い箱のなかに蕎麦が馬蹄形に並んでいるのだ。これを山形県の地元で食べたいとかねてから思っていたのである。

うろうろ歩き回って蕎麦屋を探したのだが、なかなか見つからない。今ではネット検索で探すのだろうけれど、当時はまだスマホは普及していない。街の観光案内やホテルのフロントで聞く手もあるのだが、おざなりの名店を紹介されそうだ。歩き回ること三十分、川のほとりに蕎麦屋を見つけた。あいにくへぎ蕎麦はやっていないという。普通のもりそばを頼んだ。

自分が蕎麦好きのせいか、大変美味く感じる。常温の日本酒も銘柄は忘れてしまったが、美味かった。お代わりをお願いする。店主は少し意外な顔をしたが、お代わりをすぐに出してくれた。それも平らげ3杯目のお代わりを頼むと、今度はあからさまに「へえーっ」という顔つきになった。別に笑顔を見せろという要求はしないが、少しは嬉しそうな顔をしたらどうかと思う。でも、この無愛想が東北人の一般的な表情なのかもしれないね。だとすればこれも旅の味わいと、我田引水の考えに納得して無事帰郷したのである。

いざみちのく競馬に出陣

岩手県には水沢競馬と盛岡競馬の二カ所の競馬場がある。なかでも盛岡競馬の南部杯は競馬ファンならぜひ一度は観ておいてもらいたいレースである。毎年2月に東京競馬場で行われるフェブラリーステークスと、10月に盛岡競馬場で行われる南部杯は、地方・中央通じてダート競馬の名マイラーたちが目標とするレースだからだ。

ざっと遡ってもコパノリッキー、ベストウォーリア、エスポワールシチー、トランセンド、ブルーコンコルド、ユートピア、アグネスデジタル、ゴールドティアラなどダートの名馬たちの名前が勝ち馬リストに連なっている。しかも連覇、三連覇も多いことが特徴だ。僕はこのレースに2000年と2008年の2回遠征しているが、ここでは2000年の思い出を記してみたい。

その時の勝ち馬は牝馬のゴールドティアラ。現在では孫たちが活躍している。ゴールドティアラはデビュー当初芝コースでの活躍が期待されていたが、3歳秋のユニコーンステークスの勝利でダート適性を見出されダート路線に変更してからは安定した成績を残し、翌年のフェブラリーステークスでは2着と活躍していた。

フェブラリーステークスでは、ウイングアローに負けてはいたが僕はここでは逆転できると思っていたので、狙い馬券をほぼ決めての岩手入りだった。

大後悔のわんこ蕎麦体験

夕方盛岡入りした僕は、ビジネスホテル風の宿に入り、早速街に繰り出した。目的は盛岡冷麺を食べること。特に冷麺が好きではないが、盛岡といえば冷麺というほどだ。ならば一度は現地で食べておかなければならない。宿のフロントで評判の店を聞き訪ねてみた。オーダーは生ビールと盛岡冷麺である。おいしく頂きましたが、冷麺ってなんであんなに固いのかしら。

翌朝早く、何やら窓の外で人声がするので覗いてみると、宿の裏の向こうの小さな丘の上に、多分戦没者の慰霊碑か忠魂碑があり、そこに年配の男女が十数人集って清掃活動の真っ最中であった。東京に住んでいるとわからないのだが、田舎ではこうした地域の行事が頻繁にあるのだ。参加しないと村八分ではないが、生活しにくいだろうと容易に想像できる。僕の住んでいる群馬県太田市でも半年に一回「クリーン大作戦」と称して、自分の住んでいる地区単位で朝の6時から清掃活動を行うのである。ご近所付き合いが苦手な人は田舎に住むべからずだと思う。

さて、競馬場に行く前にすることがある。実は一生に一度はわんこ蕎麦を体験したかったのである。で、調べて置いた店に行った。僕はまずおつまみとビールを頼み、ついでにお酒も頼んで様子を見ることにした。

といっても客は僕の他に一組だけである。みるともう蕎麦をがんがん食べている。それを眺めながらゆっくりと酒を飲んで旅情に浸るのだが、係の女性がまだ蕎麦にしないのかとやたらせっつくのが嫌だった。酒を飲んでいるので少しはゆっくりさせてくれよと思ったのだが、当然気がつくはずもない。

では始めますかとのんびり言ったのだが、のんびり食っていられないことがすぐに分かった。蕎麦を口に入れるとすぐに後ろに張り付いている女性がすかさず器に蕎麦を放り込むように入れるのである。しかも「はいよはいよ」といった掛け声をリズムよくかけるのである。自然と慌てて蕎麦を口に入れるようになる。

ほとんど噛まないで飲み込むのだが、何倍食べたか分からない。どのくらい食べただろうか、腹が苦しい、胸も苦しい。しかし蕎麦が来る。無理やり口に入れる、一回か二回噛んで飲み込む、この繰り返しである。なんだか拷問を受けているような感覚になり、「何の理由があってこんなに健康に悪いことをしなければならないのか」と思うようになってギブアップ。係の女性に何倍食べたか確かめると45杯とのこと。「お客さんぐらいの年の人は、まあこれぐらいだね」と平然と言う。僕はこの後の人生でわんこ蕎麦を食べることは絶対にないだろうと思ったし、今でもやや嫌悪しているのである。

盛岡競馬場は美しい山の中

盛岡競馬場は当時新設4年目のピッカピカの新しい競馬場であった。オーロパークと称し、山の中にあり、山も美しいし施設も新しく光っている。それまでの競馬場は盛岡市郊外にあり、山口瞳の『草競馬流浪記』によると、高低差の激しいバンケット(上り下りの坂)がいくつもあり、まともな競馬ができるとは思えないといった感想が記されている。

走路は外側がダートの周回コース、内側に芝生の周回コースがある。これは珍しい形態の競馬場である。まず地方競馬には芝コースがない。ここ盛岡競馬場だけである。小さくとも芝コースの設置は大変良いことだと思う。そしてダートコースの奥には長い引き込み線が設置されている。だからダートの1600m戦はこの引き込み線の奥からスタートするので、向こう正面約800mの直線を走るのである。だからターンは2回であり、自然と展開の紛れが少なくなる、よい設計のコースといえる。

場内の食べ物もすべて美味そうだ。イワナの塩焼きが串に刺されて30本ほど炭火の回りに立っている。なんとも巨大な焼き鳥もある。心底わんこ蕎麦を食べたことを後悔した。まだ蕎麦が胃腸にぎっしり詰まっているので、ビールも美味くない。ようやくおなかが落ち着いた頃は夕方になっていた。

南部杯のレースはゴールドティアラが快勝した。2着はウイングアローで2月のフェブラリーステークスの1、2着が逆転したことになる。配当は安いがそうなることを想定しての盛岡遠征だったので、大満足の結果である。

騎手は後年若くして自死を遂げた後藤浩輝だった。自死の理由は僕にはわからない。長い怪我を癒して復帰した後だったのに実に残念である。その前は生意気だった後輩騎手を木刀で制裁したという乱暴なエピソードもあったが、僕にとってはご贔屓騎手だった。オークスでエリンコートの単勝をズバリ当てた思い出の騎手でもあった。

盛岡競馬場の風景は美しいと書いたが、実はこれは交通が不便な山の中だからこそである。盛岡の市街地までは一本道なので、混雑すると車が動かない。バスに乗ろうとタクシーに乗ろうとほぼ同じ時間がかかるのだ。帰りの新幹線の時間は決めてあったので、交通渋滞にはすごくやきもきさせられた。これがこの競馬場の唯一の欠点といえる。

旅打ちは楽しい。負け過ぎはともかく、ほどほどの負けであればお楽しみ代といえる。僕はしばらく旅打ちに出かけていないが、また南部杯で勝負をしに盛岡競馬場に出かけてみたい。

我田引水で申し訳ないが一言

みちのくの　名物数は　多けれど　競馬に勝る　ものは無きかな

おわりに

僕が初めて馬券を買ったレースが弥生賞だった。そんな訳で昨年の弥生賞から丁度一年間、52週の馬券購入の報告と、併せて気分が赴くままに自分の人生や身の回りのことを、思い出も含めて好きに書かせていただいた。

僕は大学生の時に、気が向くままに世界各地を放浪旅行するのが夢であり、また実現しようと思っていた。中学・高校と山登りをしており、当時住んでいた京都から東京まで、山間部のルートでヒッチハイクしたこともある。放浪旅行はかなりの確率で実現する予定だった。

しかし父が交通事故で突然亡くなってしまった。僕は母と姉を残して放浪旅行を強行するという気持ちにはならなかった。やはり「家を支えなければ」という男子としての責任を感じたのだろうと思う。そんな性格は結婚をして普通の家庭生活を送るには相応しかったのだと思う。

しかし心の隅っこでは、放埓で無鉄砲で成り行き任せの人生に憧れていた。そんな気持ちを満たすのが、小説であったり、映画であったりしたが、何といっても「馬券買い」がそんな僕の心を満たしてくれたのである。ちょっとした穴馬券を当て勝利の美酒に酔う時、僕の心は「勤勉・倹約・貯蓄」という日本人の美徳に反する、小さな背徳の喜びに満たされるのである。

そんな僕の駄文をここまで読んでくださった読者には、ただただ感謝をするのみである。

馬券と人生

二〇一九年九月一八日　初版第一刷発行

著　者　赤城斗二男

発行者　知念　明子
発行所　七　月　堂
〒一五六―〇〇四三　東京都世田谷区松原二―二六―六
電話　〇三―三三二五―五七一七
FAX　〇三―三三二五―五七三一

印　刷　トーヨー社
製　本　加藤製本

Printed in Japan
ISBN 978-4-87944-378-6　C0095